독자의 1초를 아껴주는 정성!

세상이 아무리 바쁘게 돌아가더라도
책까지 아무렇게나 빨리 만들 수는 없습니다.
인스턴트 식품 같은 책보다는
오래 익힌 술이나 장맛이 밴 책을 만들고 싶습니다.

땀 흘리며 일하는 당신을 위해
한 권 한 권 마음을 다해 만들겠습니다.
마지막 페이지에서 만날 새로운 당신을 위해
더 나은 길을 준비하겠습니다.

독자의 1초를 아껴주는
정성을 만나보십시오.

미리 책을 읽고 따라해 본 베타테스터 여러분과
무따기 체험단, 길벗스쿨 엄마 기획단,
시나공 평가단, 토익 배틀, 대학생 기자단까지!

믿을 수 있는 책을 함께 만들어주신 독자 여러분께 감사드립니다.

(주)도서출판 길벗 www.gilbut.co.kr
길벗스쿨 school.gilbut.co.kr

나는 학벌보다 돈이 좋습니다만

나는 학벌보다 돈이 좋습니다만

초판 1쇄 발행 · 2022년 2월 13일
초판 2쇄 발행 · 2022년 3월 2일

지은이 · 풍선빵
발행인 · 이종원
발행처 · (주)도서출판 길벗
출판사 등록일 · 1990년 12월 24일
주소 · 서울시 마포구 월드컵로10길 56
대표 전화 · 02)332-0931 | **팩스** · 02)323-0586
홈페이지 · www.gilbut.co.kr | **이메일** · gilbut@gilbut.co.kr

기획 및 책임 편집 · 이지현(lee@gilbut.co.kr) | **영업마케팅** · 정경원, 김도현
웹마케팅 · 김진영, 장세진 | **제작** · 손일순 | **영업관리** · 김명자 | **독자지원** · 윤정아

교정교열 · 김혜영 | **디자인** · 디스커버 | **전산편집** · 김정미
CTP 출력 및 인쇄 · 금강인쇄 | **제본** · 금강인쇄

ISBN 979-11-6521-861-4 13320
(길벗 도서번호 070473)

정가 17,000원

독자의 1초를 아껴주는 정성 '길벗출판사'

(주)도서출판 길벗 | IT실용, IT/일반 수험서, 경제경영, 취미실용, 인문교양(더퀘스트) www.gilbut.co.kr
길벗이지톡 | 어학단행본, 어학수험서 www.eztok.co.kr
길벗스쿨 | 국어학습, 수학학습, 어린이교양, 주니어 어학학습, 교과서 www.gilbutschool.co.kr

페이스북 · www.facebook.com/gilbutzigy
트위터 · www.twitter.com/gilbutzigy

나는 학벌보다 돈이 좋습니다만

마흔 살 순자산
0원이던 전문직 부부의
3년 17채 부동산 투자법

풍선빵 지음

부알못도 하루 만에 눈뜨는
초심플 부동산 투자법

길벗

프롤로그

　우리는 흙수저 출신 한의사, 의사 부부다. "전문직 부부라서 좋겠다, 부럽다."라는 말을 많이 들으며 살았기에 나도 우리가 대단한 줄 알았다. 아직은 '수련의라서' '군의관 복역하느라' '아이 키워야 되니까' '병원 개원하느라 대출을 많이 받아서' 그렇지, 시간만 지나면 분명 돈을 많이 벌고 살림도 넉넉해질 거라고 믿었다.

　하지만 현실은 달랐다. 마흔이 가까워지도록 자산이 늘어날 기미는 보이지 않았고, 육아에 일에 공부에 정신없이 달리다가 어느 날 문득 주변을 돌아보니 집값이 엄청나게 오르고 있었다. 전업주부인 친구도, 우리 한의원 직원분들도, 아이 유치원 친구 엄마들도 부동산 투자로 자산을 불리고 있었고, 알고 보니 우리 부부더러 부럽다고 말하던 주위 사람들이 우리보다 훨씬 더 자산이 많았다(본문에서 이야기하겠지만 우리는 당시 자산이 0원이었다).

충격이었다. 우리는 학벌 좋고 직업 좋고, 근로소득만 조금 더 여유로울 뿐 자산관리는 빵점이었다. 벌면 그대로 생활비로 쓰고 나머지는 대출을 갚았을 뿐 미래에 대한 계획도 대책도 없었다. 이대로는 안되겠다 싶어서 부동산 공부를 하고 투자를 시작했다.

투자를 시작한 이후 3년이라는 시간이 흐른 지금 내가 하고 싶은 말은 충격은 빨리 받을수록 좋다는 것이다. 현실을 자각하는 것부터가 시작이다. 혹시 이미 많이 오른 집값에 속상해하고 있는가? 막막하고 답답하기만 한가? 내가 자신있게 말하건대 '나는 이미 늦었어. 그때 살 걸 그랬어. 이제는 답이 없어. 기회가 없어.'라고 생각하는 사람들은 아직 부동산 공부를 제대로 안 해서 그렇다.

부동산 투자를 하면서 알게 된 것은 '부동산의 영역도 공부의 영역'이라는 것이다. 이론도 체계도 없이 그냥 무작정 감으로 하는 영역이 아니다. 공부하면 누구나 할 수 있는 영역이다. 다행히도 나는 무작정 뛰어들지 않고 이론을 많이 소화한 상태에서 투자해서 안정적인 성과를 얻었다.

물론 최근에는 부동산 시장이 워낙 좋았고, 누구라도 투자만 했다면 웬만해서는 자산이 늘었을 것이다. 하지만 나는 잘 모르면서 무작정 뛰어드는 투자는 권하지 않는다. 무작정 뛰어들었는데 그때가 하락장이면 어쩔 것인가? 거대한 하락의 흐름 속에서 홀로 무슨 힘으로 내 집값을 지킬 것인가? 이런 묻지마 투자는 어쩌다 한번 잘된다 하더라도 지속적으로 성공하기 어렵다.

부동산은 공부를 해야 한다. 특히 흐름을 읽을 줄 알아야 하는데, 많은 사람들이 정돈되지 않은 개념들을 마구 섞은 채로 부동산에 대해 이야기한다. 그렇기에 부동산 투자가 어려워 보이는 것이다.

나는 평생 공부만 한 사람이다. 늘 학생이라고 생각하며 살았다. 학창시절에도 공부를 했지만 성인이 된 이후에도 늘 공부했다. 전공인 한의학 공부도 지속했고 환자를 치료하다 보니 심리(의식)가 몸에 주는 영향이 워낙 커서 심리 공부도 오랫동안 해왔다. 이렇게 공부만 하고 일만 하다 보니 정작 삶에서 아주 큰 영역인 '돈'이라는 영역을 놓치고 살았다. 대신 부동산 공부를 제대로 시작하고 나니 부동산에 대한 이해도가 빠르게 올라왔던 것 같다.

핵심이 무엇인지 빠르게 파악하고, 쓸모없는 것들은 배제할 줄 알며, 쉽게 설명하는 것이 나의 장점이다. 이 책에 나와있는 기본 이론만 이해하면 여러분의 부동산 투자에 대한 이해도는 상당히 올라갈 것이다. 핵심적인 내용을 이해하고 나서 다른 관련 이야기를 들으면 "아! 이 이야기는 이런 맥락에서 하는 이야기구나." 하고 이해가 되는데, 아무것도 모르는 채로 잡다한 정보를 들으면 머리만 복잡하지 정리가 안 된다.

부동산 투자를 시작하려면 이 책을 읽고 핵심 뼈대부터 세우자. 이 책에는 부동산 투자 시 기준이 되는 이론을 다 담았다. 오랫동안 투자해 온 몇 분에게 책이 나오기 전 검수를 부탁드렸는데 "우리가 몇 년을 투자하면서 겨우겨우 알게 된 것들인데 이렇게 쉽게 다 알려주면 어떻게 합니까. 좀 빼시죠!", "투자를 워낙 가볍게, 쉽게 쉽게 해서서 잘 모르시는 줄 알았는데 이렇게 깊이 있게 알고 있었다니 놀랐습니다."라는 피드백을 받았다.

나는 투자(행동)는 가볍게 한다. 임장도 거의 가지 않는다. 대신 이론체계를 확립하려고 애쓴다. 나는 자신의 성향을 잘 알고 있다. 모범생이고 머리로 이해되지 않고서는 몸이 움직이지 않는다. 아무리 투자자들이 많이 투자하고 분위기가 뜨겁더라도 왜 이런 현상이 일어나는지 그 본질이 이해가 되지 않으면 남들 따라, 분위기 따라 투자할 수 없는 성향이다. 반면에 이해가 되고 앞으로 어떤 일이 일어날지 짐작이 되면 실행력이 좋은 편이다(앞으로 3억원은 오를 것이 눈에 보이는데 가만히 있을 수 있겠는가).

"인천이 앞으로 오르겠구나." 하는 흐름을 읽을 수 있다면 인천에 꼭 가보지 않더라도, 인천에 대해서 샅샅이 알지 못하더라도 투자에 성공할 확률이 높다. 인천이 오를 때는 인천에 있는 아무 아파트나 사도 다 오른다(지역 흐름 읽는 법, 지역 내에서 어느 아파트를 사야 투자효율이 좋은지는 이 책에 다 나와 있다). 대신 흐름을 읽을 줄 모르면 아무리 그 지역을 잘 알고, 호재를 분석하고 속속들이 알아도 투자의 성공여부는 불투명하다.

인플레이션 앞에 우리는 공평한 기회를 갖는다. 부동산은 인플레이션을 바탕에 두고 오른다. 부동산 투자의 영역에서는 학벌도, 직업도, 집안도, 심지어 지금 현재 자산의 크기도 아무 상관이 없다(현금만 10억원이고 투자하지 않는 사람 vs 자산이 1억원이고 투자하는 사람 중 - 투자에 대한 기본 이론적인 뼈대를 갖추고 있다는 전제하에 - 후자가 장래에 자산가가 되어있을 가능성이 더 높다).

부동산 투자를 안 하는 친구들은 "지금 가진 돈이 너무 없어서 부동산 투자는 생각도 안 했어.""이제는 세금 때문에 투자하기 힘들지 않아?""공부 열심히 해서 좋은 대학 안 나오면 돈 벌 방법이 없는 것 같아.""이미 다 올라버렸는데 무슨 부동산 공부를 하겠어."라고 말한다.

주위에 투자하는 분들과의 대화는 "작년에 전주에 1,000만원으로 투자했던 곳이 1억원 올랐습니다.""안산에 1,500만원으로 투자했는데 3억원 올랐어요.""세상에 돈 벌 방법이 이렇게 많은데 사람들은 몰라요.""지난 달에 9,000만원으로 투자했던 곳이 벌써 2억원 올랐어요.""저는 지금도 투자하고 있는데 사람들은 이제 늦었다고 해요."와 같은 식이다.

당신은 어떤 사람이 될 것인가. 전자인가, 후자인가?

이 책의 대강의 줄거리를 소개한다. 1장에서는 내가 부동산 투자를 하게 된 배경과 마인드 변화를 담았다. 2장에서는 투자하기 전 사람들이 부딪혀 멈춰 서는 장벽들을 다루었다. 장벽은 가볍게 넘어서고 3장을 읽자. 3장에서는 부동산 투자의 핵심 이론을 익히고, 4장에서는 실전에서 투자처를 어떻게 찾아야 하는지, 어떤 곳이 투자효율이 좋은지를 다루었다. 5장에서는 포지션별 투자 전략을 다뤘고, 6장에서는 바쁜 이들을 위한 아웃소싱 투자방법을 안내했다. 전문 투자자가 되기 위해 혹독하게 시간을 갈아넣는 방식이 아닌, 일상에 치이고 바쁜 사람들도 효율적으로 투자할 수 있는, 내가 실제로 투자할 때 쓰는 방법을 담았다.

모쪼록 이 책을 읽는 분들이 기하급수적으로 자산을 불려나가길 기원한다. 알면 희망이 생긴다. 희망이 생기는 것만으로도, 할 수 있다는 것을 아는 것만으로도 일상이 훨씬 행복해진다. 배우고 알고 희망을 품고 행동하기를, 그 시간들을 차곡차곡 쌓아나가기를, 자산을 늘려나가는 걸음걸음이 행복하기를 진심으로 바란다.

목차

한눈에 보는 부동산 투자 흐름

나도 일하고,
돈도 일하게 하자!

1장
투자 마인드 세팅

투자장벽이 나타나도
멈추지 말고,
가볍게 넘어서자!

2장
투자 장벽 허물기

상승·하락 사이클의
원리만 이해하면
된다!

3장
핵심만 빠르게 코어지식 익히기

자본소득의 필요성 만들기	인사이트 키우는 돈 공부법	아파트는 결국 우상향
부동산은 공부의 영역	배우자와 투자 파트너 되기	집값의 상승·하락 사이클
대출 레버리지 활용	공인중개소 문턱 넘기	상승·하락의 중요한 지표
	투자 종목 교통정리	부동산 리스크 바로잡기

[준비] 상승 유망지역 찾기

투자처 찾기 전 준비물

입지분석하기

투자처 선정하기

매매거래지수	교통, 학군 등 입지분석	매매지수 하락 → 기회의 땅 상급지 공략
미분양지수	네이버에서 평당가 순으로 아파트 정렬	매매지수 상승 시작 → 흐름 따라갈 2군 공략
입주물량		

투자처 찾는,
단순하지만
절대적인 원리!

세금은 기초부터
배우고, 투자는
시야를 넓게 갖자!

중요한 결정에만
힘쓰고, 나머지는
아웃소싱으로!

4장
지금도 할 수 있는 코어전략

5장
포지션별 대응법

6장
아웃소싱 투자법

세금 이해하기(다주택)

지식 레버리지

법인 활용법

온라인 정보 200% 활용

투자와 실거주 분리

인맥 구축하기

투자 벤치마킹

제값 주고 사서 싸게 팔기

큰 흐름 읽기

[실전] 투자 세부전략 짜기

상승 유망도시 선정하기

똑똑한 한 채 사기

이동하는 흐름 포착하기

소도시 공략하기

지역 간 상대평가로
저평가 지역 선점하기

1장

근면성실
모범생에서
부동산 투자자로

나는 투자와
안 어울리는 사람

개원만 하면 됐지, 무슨 투자…

나는 모범생, 순진하고 소심한 캐릭터의 사람이다. 학창시절에 공부는 잘했지만 조용해서 성적표에 "조용하고 소극적인 성향이다."라는 선생님의 평가가 늘 따라다녔다. 발표는 정말이지 심각하게 하기 싫어했고 부끄러움이 많아서 조금만 주목받아도 얼굴이 빨개지기 일쑤였다. 주위에서도 "너는 절대로 투자하지 마라. 사업하지 마라. 정말 안 어울린다. 너처럼 순진한 사람이 투자하면 사기당하기 딱 좋다." 이런 말을 자주 들었다.

당시 은행에서 한의대 마지막 학년인 본과 4학년 학생들에게 마이너스통장을 만들어 주었다. 아직 졸업도 하지 않은 학생에게 마이너스통장을 만들어 준다니 굉장한 특혜였다. 그 무렵 주식과 펀드 열풍이 불었는데 마이너스통장으로 주식을 하는 친구들이 꽤 많았다. "누가 누가 주식해서 돈을 많이 벌었다더라." 이런 소문이 돌기도 했다. 몇 년 뒤 주식 열풍이 꺼지면서 주식하던 친구들이 돈을 많이 잃었고, 마이너스통장이 그대로 빚이 되기도 했다.

본과 4학년 때는 졸업만 하면 금방 돈을 벌 것 같은 기대에 차지만, 졸업하고서도 수입이 일정 궤도에 오르기까지 실제로는 시간이 한참 소요된다. 인턴, 레지던트 수련의 과정(여학우들은 주로 수련의 과정을 밟는 경우가 많았다), 남학우들은 공중보건의(혹은 군의관) 3년 과정을 거쳐 페이닥터 생활을 하다가 개원해서 자리를 잡는 기간이 필요하기에 그 빚의 무게는 상당한 것이었다.

졸업하고 사회초년생이던 2006~2008년은 서울 부동산 상승장의 끝자락이었다. 친한 언니가 서울 아파트에 투자했다가 거품이 빠지면서 크게 손해 보고 집을 팔았는데, 매달 대출이자를 감당하면서 보유하다가 결국 손해 보고 판 경우라 많이 힘들어했던 기억이 난다.

한번은 한의원을 굉장히 잘 운영하는 50대 선배님과 식사를 하는데 '대출이 아직 그대로'라고 하셔서 깜짝 놀란 일도 있었다. 그 이유를 들어보니, 한의원은 계속 잘되었는데 중간에 어딘가에 투자했다가 크게 손해 본 일이 있어서 아직까지 자산이 개원하던 당시 그대로라고 했다.

주변 지인들의 투자 실패 이야기를 들으며 "나는 절대로 투자하지 말아야겠다. 그냥 열심히 일만 해야겠다."라고 다짐했다.

끼리끼리 어울리다 보니 내 친구들 역시 투자와는 거리가 먼 모범생들이다. "직장인들은 투자를 열심히 한대. 모여서 투자정보도 많이 나눈다던데. 하지만 우리는 투자하면 안 돼. 잘 모르잖아. 정보도 없어서 우리는 투자하면 무조건 망할 거야. 괜히 일 벌여서 손해 보느니 그냥 일하며 열심히 사는 게 낫지. 일하자! 파이팅!" 늘상 이런 대화만 반복했다.

우리 집안 분위기도 여기에 일조했다. 아버지는 공무원이었고 어머니는 전업주부였는데, 안정지향적인 성향이셔서 주위 친척들이 투자할 때마다 걱정 섞인 이야기를 하시곤 했다.

버블세븐 용인 아파트에 친척분이 투자했다가 힘들어한다는 이야기, 상가 건물을 지은 친척분이 있는데 임대가 안 나가서 힘들어한다는 이야기 등등. 이런 이야기들을 들으면서 나는 "그래! 난 절대로 투자하지 않겠어!"라며 결심을 재차 다졌다.

별 도움 안 되던 재테크 책들

투자를 멀리하겠다고 결심했지만 돈은 늘 고민의 대상이었고, 책을 가까이했던 덕분에 베스트셀러에 재테크 책이 올라오면 한 번씩 읽곤 했다.

읽어보면 딱히 이론이나 인사이트 없이 "집을 사고팔 때마다 집값이 올라서 갈아타기 신공으로 자산을 늘렸다."라는 경험담만 잔뜩 나열해 놓은 책, 종잣돈을 모으고 나면 그다음부터는 자산을 늘리기가 수월해지니 종잣돈을 모으라는 책(결국 투자보다는 저축 이야기), 과거에 서울 집값 침체기가 길었으니 아파트로 시세차익을 보는 투자를 하라는 이야기보다는 월세 수익률이 높은 지방 아파트에 투자해서 '월급만큼 월세 만들기' 책이 많았다.

종잣돈을 모으라는 책은 "신용카드를 잘라라. 통장을 목적에 따라 나누어라. 보험에 가입해라. 대출은 빨리 갚아라."라는 내용 위주였다. 책을 읽고 나면 나 역시 '저축해야겠네. 대출이자는 최대한 빨리 갚고.' 이런 생각이 들었다.

경험담만 잔뜩 있는 책은 읽어봤자 그래서 뭘 어쩌라는 것인지 도통 알 수가 없었고, 월세투자 이야기는 고생하는 것에 비해 월세 수입이 너무 적어 보였다. 월세는 10만원, 20만원 들어오는데 지방까지 오가며 직접 청소, 도배나 페인트, 수리까지 하는 모습이 너무 힘들어 보였다. 차라리 그 시간에 일을 더 열심히 하는 게 낫겠다는 생각이 들었다.

돌이켜보면 뭘 모르던 시절에는 도움되는 책을 찾아 읽을 줄조차 몰랐다. 그리고 그 기저에는 나와 남편이 일만 열심히 해도 충분히 잘 먹고 잘살 수 있을 거라는 기대가 깔려 있었다.

서울에 집장만이 소원인 선배 한의사

내가 서른 살 때 한 선배 언니가 이런 말을 했다. "내 소원은 서울에 집 한 채 갖는 거야." 당시 그 선배 나이는 마흔이었고 직업은 한의사, 남편은 변호사였다. 나는 이해할 수가 없었다. 아니 도대체 왜 한의사, 변호사 부부가 여태껏 서울에 집 장만을 못 해서 소원이 집 사는 거란 말인가.

그때 나는 한의원을 운영하고 있었는데 수입이 꽤 괜찮았다. 결혼을 앞두고 있었고 예비신랑은 의사였다. 마흔쯤에는 서울에 내 집 한 채 정도는 어렵지 않게 장만할 수 있을 것으로 믿었다. 그런데 막상 마흔 즈음이 되니 서울에 내 집 한 채 갖는 것이 만만한 일이 아님을 알게 되었다.

지난 서울 상승장 끝에 서울에 집을 샀다가 고생했던 친한 언니는 그 뒤로 계속 부동산을 멀리했다. 최근에 둘이 만나 손 붙잡고 "그동안 왜 부동산 투자를 멀리했을까. 우린 정신 좀 차려야 돼."라며 한탄을 했다(이후로 나도 언니도 투자를 진행 중이다. 부동산투자의 중요성을 깨달았다면 그때부터라도 시작하면 된다!).

부모님이 걱정하시던, 용인에 아파트를 사서 고생하던 친척분은 그 뒤로도 계속 투자해서 이번 수도권 상승장에서 크게 자산을 일구었다. 상가를 지어 놓고 임대가 안 나가서 고생하던 친척분도 자산가가 되었다. 굉장히 좋은 입지의 상가였는데 상가가 안 좋아서 임대가 안 나갔던 것이 아니라, 상가 가치를 올리기 위해 임대료를 잘 받으려고 끝까지 버텼던 것일 뿐이었다.

"돈이야 잘 법니다만" 월소득과 자산의 괴리

"투자 잘하는 옆집도 맞벌이 직장인이래"

동네의 한 엄마랑 이야기를 나누었다. 서울에 사둔 분양권이 있는데 실거주 요건을 채워야 해서 이사를 가야 한단다. 이럴 수가, 이제 막 친해졌는데 이사를 간다니. 잠깐만, 얼마나 올랐기에 이사까지 가는 거지? 실거주해서 양도세 비과세 요건을 채우려고 이사를 간다는 건데 얼마나 올랐기에? 집에 와서 검색해 보니, 맙소사! 족히 8억원은 오른 것 같다(지금 살고 있는 집도 많이 올랐는데 말이다. 부럽다!).

그날 저녁, 퇴근하고 온 남편에게 말했다.

"여보, ○○네 집 말이야. 지금 살고 있는 집도 자가인데, ○○분양 권 실거주해야 해서 조만간 이사 간대. 와, 도대체 얼마나 오른 거야! 완전 좋겠다."

"에이, 그런 사람들은 금수저겠지. 우리처럼 아무것도 없이 시작한 사람들이랑 같겠어? 시작이 다른 사람들하고는 비교하지 말자. 어차피 못 따라가. 금수저들하고 비교하는 건 아무 의미도 없어."

"무슨 소리야, 금수저라니. 그 집도 맞벌이 직장인이야. ○○네 사는 집도 지금은 18억원이지만, 4년 전만 해도 6억원이었어. 대출도 70% 나왔고 2억원 정도만 있으면 집을 살 수 있었는걸. 그리고 집 사서 집값이 오르는 걸 경험해본 사람들이 부동산에 더 관심이 많더라. 분양권은 줍줍(미분양된 남은 세대를 계약하는 것)했대. 분양권은 계약금만 있으면 되잖아. 금수저라서 할 수 있었던 게 아니지."

"진짜 당신 말 듣고 보니 서울에 집 몇 채씩 있는 사람들이 다 금수저인 게 아니네. 그냥 직장인이어도 정신만 일찍 차리면 부동산 투자를 할 수 있겠는걸."

개원한다고 능사가 아니다

결혼 전만 해도 우리 둘이 결혼해서 열심히 일하면 서울 요지의 아파트를 언젠가는 살 수 있을 줄 알았다. 하지만 현실은 달랐다. '남자'이자 '의사'인 남편의 수입이 일정 수준에 이르기까지는 상당한 시간이 걸렸고, 육아는 내가 상상했던 것보다 훨씬 더 큰 일이었다(육아하느라 근로소득에 대한 욕심을 상당 부분 포기했더랬다).

수련의 과정을 거쳐 군의관 3년을 마친 뒤, 페이닥터를 거쳐 개원할 무렵 남편은 이미 30대 중·후반이었다. 나 역시 결혼 전에는 개원해서 한의원을 안정적으로 운영했지만 아이 낳고는 그만두었고, 신랑 근무지를 따라 이사 다니고 아이 둘을 키우다 보니 다시 개원하는 데 오랜 시간이 걸렸다. 친구들은 30대 내내 돈 벌어서 집도 장만하고 소득활동을 하는데 우리만 뒤처지는 기분, 늦었다는 생각에 굉장히 초조했던 것 같다.

드디어 고대하던 개원을 했다. 개원하면서 대출을 많이 받았다. 대출을 최대로 받아서 경기도 외곽에 집도 샀다. 집 담보대출이 70%에 나머지 30%도 마이너스통장이었다. 당시 우리 전 재산은 1,500만원, 대출은 10억원이었다. 지금 생각해 보면 무슨 배짱으로 집까지 샀는지 모르겠다. 그때는 개원하면 금방 형편이 좋아질 것으로 믿었고, 워낙 이사를 많이 다녀서 어떻게든 집을 사서 정착하고 싶었다.

이제 개원도 했고 집도 샀으니 일만 열심히 하면 된다고 생각했는데, 개원하고 반년도 되기 전에 남편이 크게 아팠다. 남편은 수술을 받고 나서 제대로 쉬지도 못하고 다시 일터로 나갔다. 대출을 얼마나 많이 받았는데, 매달 들어가는 경비가 얼마인데. 도저히 쉴 수가 없었다. 내 사정도 편하지 않았다. 양가 부모님이 멀리 사셔서 육아를 도와주실 상황이 안 되는지라 보모 이모님에게 아이들을 맡기고 일을 했다. 일하면서도 아이들이 맘에 밟혀서 아이들 챙기랴 일하랴 정신이 없었다.

다행히 수입이 꽤 되었다. 사람들이 왜 전문직이 좋다고 하는지 알 것 같았다. 몇 년이 지나자 집 대출도 거의 갚았다(병원 대출은 그대로였지만). 이대로만 계속한다면 대출을 다 갚고 더 좋은 집으로 이사

갈 수도 있었다. 집값이 그대로이고 대출이 예전처럼 70% 나온다면.

왜 우리 집만 안 오를까?

정신을 차려보니 우리 집만 빼고 집값은 고공행진 중이었다. 하필이면 집을 사도 경기도 외곽의 산 좋은 외딴곳에 샀던 것이다. 오만과 두려움이 고루 섞인 결정이었다. 주변에 상권도 없고 외곽이라 사람들이 선호하는 입지는 아니지만, 경치가 좋고 공기가 좋아서 우리 마음에만 드는 아파트를 선택했던 것. "돈은 우리가 일해서 벌면 되지, 꼭 집값에 연연해야겠어?" 하는 오만, 그리고 낯선 것에 대한 두려움. 우리가 선택했던 아파트는 지방 브랜드의 아파트였는데, 알고 보니 신랑이 같은 지방 출신이어서 그 브랜드에 익숙했다. 자신이 없어서 두려우니까 익숙한 것에 본능적으로 이끌렸던 것이다.

서른 살 때는 '전문직 부부가 나이 마흔이 되도록 서울에 집 한 채 없다는 것'을 이해하지 못했다. 하지만 정작 마흔이 다 되어갈 즈음 우리 부부의 자산은 병원 대출이 5억원, 집값이 5억원이었으니 결국 0원이었다. 그래도 크게 나쁠 것은 없었다. 어쨌든 집은 있었고 가정도 꾸렸으며, 아이들도 잘 자라고 있었고 벌이도 괜찮았으니까. 병원 대출도 차차 갚으면 되는 거고 열심히 벌다 보면 자산도 더 모을 수 있을 테니까.

그러나 연신 오르는 집값이 괜찮지가 않았다. 아무리 열심히 일해도 집값 오르는 폭이 너무 컸다. 내가 돈을 모으는 동안 사고 싶은 집값은 더, 더, 더 올라버렸다.

그리고 찾아온 상대적인 박탈감. 좋은 입지에 집을 사서 집값 상승 효과를 톡톡히 본 지인들이 주위에 많았다. 시간이 지나고 보니, 전문직이든 직장인이든 가정주부든 결국 좋은 집을 산 친구가 가장 자산이 많은 위너였다.

근로소득을 뛰어넘는 자본소득

"공부를 잘하면 돈도 잘 벌고 행복하다." 익숙한 개념이지만 현실은 달랐다. 공부를 잘하면 그냥 공부를 잘하는 것이지, 공부 잘하는 것이 돈을 잘 버는 것으로 직결되는 것은 아니었다. 단지, 공부를 잘하면 근로소득의 영역이 안정적일 수 있다는 정도?

의사가 좋다고들 하지만 병원을 운영하는 것도 결국은 사업이고, 공부를 잘했다고 해서 병원을 잘 운영하는 것은 아니다. 절대적으로 안정적인가 하면 그렇지 않고 망할 수도 있다. 일반적으로 성실한 사람들이 많고 신뢰를 바탕으로 하는 직업이니까 운영하기에 유리한 조건을 갖고 있다는 것이지, 기본적으로는 사업의 속성을 갖고 있다.

누군가 철밥통이라는 이야기를 해서 깜짝 놀란 일도 있었다. 철밥통은 공무원이나 선생님처럼 급여가 안정되고 오래 다닐 수 있을 때 해당하는 것이 아닌가. 기본적으로 사업의 속성을 지니고 있기에 병원 운영이 어려운 곳부터 잘되는 곳까지 수입은 천차만별이고, 수입이 일정하지도 않다. 개원해서 운영이 정말 잘되는 사람부터 망해서 신용불량자가 된 사람까지 소득의 스펙트럼이 정말 크다. 또한 생각보다 경쟁이 치열하다. 신랑이 개원할 때만 해도 인근에 동종 의원이 한 곳뿐이었는데 지금은 네 곳이나 있다. 코로나로 어려워진 곳도 많다.

대신 운영이 잘되면 잘 버는 것은 맞다. 우리 부부의 수입은 꽤 되었다. 그러나 근로소득이 높은 것과 자산이 많은 것 역시 같은 개념이 아니었다. 이전에는 막연히 많이 벌면, 즉 매달 수입이 많으면 부자가 될 거라고 믿었다. 겪어보니 자산의 크기는 학력과도, 심지어 매달 들어오는 수입과도 비례관계가 아니었다. 자산이 많으려면 벌고, 모으고, 불리는 각각의 영역을 공부하고 지속적으로 노력해야 한다. 그런데 우리는 버는 것에만, 그것도 근로소득으로 버는 것에만 노력한 셈이었다.

우리가 제일 가난하더라

자산의 크기가 매달 수입과 왜 비례관계가 아니냐고? 몇 가지 이야기를 해드리겠다.

우리는 맞벌이였고 양가 부모님이 모두 멀리 계셔서 가사도우미 이모님, 보모 이모님 손을 많이 빌렸는데, 그동안 우리 집에 온 가사도우미 이모님들이 우리보다 자산이 더 많으셨다.

차음 오셨던 이모님은 집을 두 채 소유했는데 한 채는 자가, 한 채는 월세를 주고 계셨고 상가도 소유하고 계셨다. 후에 아드님이 그 상가에서 사업을 시작하면서 아드님 도와주신다고 일을 그만두셨다. 그 집 두 채가 오른 금액만 해도 7억~8억원이었다.

다음에 오셨던 이모님은 전세 끼고 사둔 집에 실거주로 비과세 요건을 채워야 해야 해서 판교로 이사 가신다고 그만두셨다. 판교가 많이 오른 것은 다들 아시리라 생각한다.

지금 계신 이모님은 오래전에 사둔 재건축 아파트에서 10억원 넘게 시세차익이 났다는 이야기를 얼마 전에 얼핏 하셨다. 다들 고수이신 것 같다.

한의원 개원 당시, 아이 친구 엄마들 모임에 유난히 부동산에 관심이 높은 사람들이 많았다. 다들 전업주부였고 모이면 부동산 이야기가 반을 넘었는데 당시 나는 무슨 말인지 알아듣지도 못했다. 나중에 알고 보니 다들 자산이 크게 늘었고, 그 기간 동안 맞벌이 근로소득에만 의존했던 내가 제일 못 번 셈이었다.

한의원 직원들도 다들 나보다 자산이 많았다. 한 분은 대출받아 집을 장만한 뒤 계속 상급지로 갈아타기 하면서 자산을 늘렸고(매번 전세 살면서 이사 다닐 때마다 돈만 축낸 우리와는 다르게), 한 분은 똘똘한 한 채에 실거주(지금 기준 8억~9억원 상승)하면서 분양권도 갖고 있었다(5억원 이상 상승).

내가 "와, 대단하세요. 부러워요."라고 하면 "원장님은 저희보다 잘 버시잖아요."라고 위로해 주었다(하지만 안타깝게도 위로가 되지는 않았다). 당시 남편 왈 "우리가 제일 가난한 것 같지 않아?", 슬프지만 사실이었다.

부동산 투자를 하면서 만난 분들 중에 인상 깊었던 분이 있는데 부동산학과를 나왔다고 하셨다. 나는 부동산 책을 읽으며 불과 얼마 전에 알게 된 '부동산 상승·하락 사이클 이론'을 그분은 대학 때 〈부동산학 개론〉 시간에 배웠다지 뭔가.

그분은 서울 상승기 초입에 서울에 아파트를 몇 채 사두고 임대사업자 등록까지 다 해두었다고 했다. 물론 부동산학과를 나왔다고 다 투자를 잘하는 것은 아닐 테지만, 젊은 분인데 투자를 일찍부터 잘하셔서 인상 깊었다.

선배 중에 한의원이 잘되는 분이 있다. 집은 월세로 이사하고 자금을 확보해서 한의원을 크게 키워 확장했는데, 한의원은 잘되지만 지금도 집 한 채가 없다. 한의원이 잘되니 좋은 것 아니냐고? 그 선배는 "나도 집부터 살걸." 하면서 후회를 곱씹고 있다.

시골에서 한의원을 하는 친구도 있다. 시골에 살면서 자가에 살고 한의원 운영도 잘하고 있으며 따로 3억원 정도 여유자금도 모았다. 대출도 없다. 그러면 아무 문제도 없지 않느냐고? 이 친구는 아이 교육 문제로 대도시 학군지로 이사 가고 싶어 하는데, 지금 자금으로는 무리여서 그동안 부동산을 너무 몰랐던 것을 후회하고 있다.

왜 우리는 근로소득에만 공을 들였을까?

내 주위는 물론이고 신랑 주위를 보더라도 개원해서 운영이 얼마나 잘되느냐보다 결국에는 재테크를 얼마나 잘했느냐가 자산을 좌우한다. 개원해서 수입이 그럭저럭 되더라도 서울 강남에 집을 사두었으면, 자산이 상당할 것이다.

근로소득을 폄하하는 것은 아니다. '노력을 골고루! 적절한 곳에 적절하게! 해야 한다'는 이야기를 하려는 것이다. 학창 시절에 공부를 열심히 하고, 좋은 대학에 가고 좋은 직업을 갖는 데 열중하는 것은 모두 근로소득의 영역에 공을 들이는 것이다. 자기계발을 하고 영어공부를 하고 자격증을 따고 이직하는 행위 역시 대부분 근로소득을 높이는 것이 목적이다. 나 역시 한의사로서 실력을 올리기 위해 고가의 세미나, 강의를 많이 들어왔는데 이 역시 근로소득의 영역이다.

나는 내 실력을 올리려 노력했던 일들, 열심히 일했던 시절을 후회하지 않는다. 오히려 자부심이 크다. 단지 명심해야 할 것은 돈의 영역이 근로소득의 영역에만 국한되지 않는다는 것이다. 돈을 버는 것 외에도, 돈을 관리하고 불려 나가는 영역이 있다. "나는 고학력자이고, 돈도 잘 버는데 왜 자산이 별로 없지?"라는 의문이 든다면 그동안 근로소득의 영역에만 공을 들이고, 돈을 관리하고 불리는 영역에는 공을 들이지 않은 것이다.

돈을 벌 때는 얼마나 힘들게 벌었던가. 환자 한분 한분과 상담하고, 침 놓고, 설명하고, 약 처방하고 '혹시나 약 먹고 탈 날까', '효과는 좋을까', '개원했는데 환자가 안 와서 망하면 어쩌나' 등등 전전긍긍하면서 얼마나 열심히 했던가. 하지만 그렇게 열심히 일만 했지, 돈을 관리하고 운영하는 법에 대해서는 제대로 배운 적도 노력한 적도 없었다.

"직업도 좋고 돈도 잘 번다면서 뭐하러 재테크까지 하려 하는가? 그냥 안분지족하면서 살면 되지 않나? 뭘 그렇게까지 자산을 늘리려 하는가?"라는 의문이 들 수도 있다.

나에게도 계기가 있었다. 남편이 수술하고 나서 회복할 틈도 없이 바로 일을 시작해야만 했을 때(사정사정해서 퇴원을 일찍 했다. 일을 해야 했기에…)의 그 처절함을 잊을 수가 없다. 매달 감당해야 할 이자, 직원 월급 등 병원 경비를 생각하면 아무리 아파도 쉴 수가 없었다. 남편은 일하러 갔다가 집에 오면 끙끙 앓았다. 열이 나고 밤새 끙끙 앓으면서도 다음 날 또 일하러 갔다. 그때의 처절함이란. 아마 그때 쉬었으면 남편은 신용불량자가 되었을 것이다. 대출이 10억 원 있었던 때였다.

우리는 갑작스럽게 아플 수도, 사고가 나서 일을 못 하게 될 수도 있다. 그리고 막연히 아플 수도 있다는 것을 아는 것과 실제로 아픈 것은 천지 차이였다.

그때 알았다. 근로소득이라는 것은 내가 직접 움직여야만 돈을 벌 수 있는 것이고, 근로소득에만 의존해서 살아간다는 것은 상당히 불안정한 삶이라는 것을. 우리는 자산은 없었지만 매달 수입은 넉넉했기에 생활은 여유로운 편이었다. 하지만 그것이 언제까지나 계속되리라는 보장이 없다는 것, 아프거나 일할 수 없는 상황이 되면 이 생활은 바로 끝난다는 현실을 직시하게 된 것이다.

3

박 원장,
부동산에 눈을 뜨다

부동산 투자는 운 좋은 사람들만 하는 줄 알았다

우리가 산 집값은 오르지도 않는데 서울이고 경기도고 할 것 없이 집값이 엄청나게 오르고, 주위에 분양권을 사서 2억 원, 3억 원씩 벌었다는 이야기도 자주 들리니 소처럼 일만 하는 우리가 참 바보 같은 기분이 들었다.

궁금하기도 하고 답답하기도 해서 2017년쯤에는 부동산 책을 여러 권 사다가 마구 읽어보기도 했다. 가장 회원 수가 많은 부동산 카페가 '부동산 스터디'이길래 가입해서 글을 읽어보기도 했는데, 서울 고가아파트 이야기가 어찌나 많던지 기가 죽고 위축되기만 했다. 나도 한번 해볼까 싶어서 신도시 분양권을 살까 고민도 하고, 전세 끼고 서울 아파트를 사둘까 고민도 해보았다. 하지만 부동산 투자에 전혀 관심 없는 남편의 "신도시는 난 별로야. 아파트보다는 주택에 살고 싶어."라는 말에 바로 마음을 접어버릴 정도로 확신이 없었다.

'에라, 모르겠다. 내가 무슨 재테크냐. 그냥 살던 대로 살자.' 하며 지내다가 2018년 가을, 우연히 온라인서점에서 김재수 저(닉네임 렘군)《10년 동안 적금밖에 모르던 39세 김 과장은 어떻게 1년 만에 부동산 천재가 됐을까?》라는 책을 발견하게 되어 주문해서 읽었다. 운명 같은 일이었다. 부동산 책을 읽었을 뿐인데 이 세상은 자본주의 사회라는 말이 무슨 말인지, 내가 이 세상에서 지금 하고 있는 역할이 무엇이고 나의 위치가 어떤지, 그동안 내가 노력해 온 일이 어떤 영역에서의 노력이었는지, 집값이 왜 오르고 내리는지, 내가 그동안 수도 없이 이사하면서 경험했던 집값의 변화와 경기도 신도시에 살면서 겪었던 집값의 변화가 한순간에 이해되면서 모든 것이 끼워 맞춰지는 것만 같았다.

그 길로 본격적인 투자에 입문하게 되었다. 내가 실제로 겪은 경험들이 책 내용과 만나 시너지를 냈던 듯하다.

이전까지는 '부동산은 운이 좋아야 해. 경험이 많아야 해. 어려워. 위험해.' 이런 생각이 강했다. 그러나 이 책을 읽으면서 '부동산은 공부의 영역이구나. 공부하면 큰 흐름을 이해하고 안전하게 투자할 수 있겠구나.'로 생각이 크게 바뀌었고, 이것이 부동산 투자를 시작할 수 있었던 결정적인 계기가 된 것 같다.

마음먹고 투자에 뛰어들다

이후로 경기도 외곽의 집을 팔고 월세로 이사했다. 그렇게 해서 확보한 자금으로 지방에 투자를 시작했다. 법인도 만들었다. 성과가 보이기 시작하고 공부를 더 하면서 신용대출도 활용하고, 연금보험도 해지하면서 더욱 적극적으로 투자하고 있다.

부동산 투자를 하면서 돈 공부를 하고 돈을 이해하게 되니, 사회가 더 잘 이해되고 사람들 또한 더 잘 이해되는 묘한 이득이 있다. 내가 알던 세상보다 더 큰 세상을 보게 되면서 아이들을 키울 때도 더 큰 관점으로 키울 수 있겠다는 희망도 생겼다. 현재 나는 한의원을 그만두고 아이들과 충분히 시간을 보내면서 이렇게 책을 쓰기도 하고, 글을 통해 내가 아는 지식을 많은 사람들과 나누는 일을 하고 있다. 어떤가, 부동산 투자를 통해 만나게 될 새로운 세상이 궁금하지 않은가.

4

부동산 투자,
당신도 할 수 있다

부동산은 공부의 영역

그동안 부동산 투자는 운과 감의 영역인 줄만 알았기에 투자할 엄두도 내지 못했다. '오랫동안 부동산을 들락날락하고 경험이 많아서 감을 기르거나, 워낙에 집안이 부동산에 밝아서 보고 들은 게 많거나, 그저 운이 좋은' 사람들이나 하는 것으로 생각했다. 그리고 나 같은 순진한 범생이가 함부로 투자의 세계에 뛰어들었다가는 각종 사기꾼, 컨설팅업자들한테 낚여서 쫄딱 망해 버리지는 않을까 무서웠다.

나는 불안한 것이 싫다. 위험한 것도 싫고 잘 모르면서 뛰어드는 것도 싫다. 그런 내가 부동산 투자를 시작하고 지금도 계속하고 있는 이유는 부동산은 공부의 영역이라는 사실을 알게 되었기 때문이다.

부동산이 오르고 내리는 것에도 원리가 있다는 것을 이해하고 나니 많은 것들이 보이기 시작했다. 집값의 변화가 이해되면서 앞으로 다가올 상황을 예측하는 것도 가능해졌다. 물론 디테일한 부분에서는 시장 상황에 따라 변수가 많아서 더 세세하게 공부해야 하지만, 큰 줄기를 이해하고 시장을 이해하며 투자하는 것과 막무가내로 투자하는 것은 하늘과 땅 차이다.

경험이 많아서 감으로 승부하는 투자보다, 부동산 공부를 바탕으로 투자해야 오히려 더 안정적으로 좋은 성과를 낼 수 있다. 경험 많은 것으로 따지면 부동산 투자를 오래 한 분, 특히 한 지역에서 오랫동안 부동산 중개업을 한 분들을 따라가기 힘들지 않을까? 그렇다고 부동산 소장님들이 다 부자냐 하면 전혀 그렇지 않다.

물론 나이를 먹고 일하기도 바쁘다 보니 새롭게 공부할 엄두가 안 날 수 있겠지만, 자신감을 가져라. 부동산 공부는 수능 공부가 아니다. 고수가 되려면 심혈을 기울여야 하지만 내 자산을 늘릴 만한 수준의 공부는 그리 어렵지 않다. 앞으로 나올 부동산 상승·하락 흐름의 핵심요소만 이해하고 나면 누구나 할 수 있다.

근로소득, 투자의 뿌리가 된다

요즘은 부동산 투자만 잘해도 수억원씩 버는 상황을 겪다 보니 근로소득을 하찮게 여기는 사람들이 많은 것 같다. 하지만 아무리 투자를 잘해서 자산이 늘어난다 하더라도 매달 수입이 없으면 무엇으로 먹고살 것인가? 자산은 팔 때까지는 사이버머니일 뿐이다. 그리고 애초에 자산을 살 밑천은 무엇으로 장만할 것인가?

또한, 내가 한 달에 버는 소득이 곧 내 신용이 된다. 안정적인 직장에 다니고 있다면, 혹은 사업을 해서 소득이 증명된다면 대출이 나오는데 대출, 즉 레버리지의 힘은 매우 크다. 1억원을 모은 다음에 투자를 시작하는 것과 1억원을 대출받아서 바로 투자를 시작하는 것에는 어마어마한 차이가 있다.

근로소득이 안정적으로 들어온다는 것은 대출이자를 감당할 여력이 된다는 것이다. 내 소득으로 대출이자를 감당할 수 있다는 것이 얼마나 든든한 부분인지! 전업 투자자가 부러울 수 있지만, 매달 수입이 있고 없고의 차이는 엄청나다. 일을 하지 않으면 대출이 잘 나오지도 않을뿐더러, 대출이자를 감당할 자신이 없어서 뒤로 물러설 수밖에 없다.

대출받는 요령

대출의 종류와 한도는 사람마다, 은행마다, 은행의 그달 실적에 따라, 지점마다 모두 다르다. 그러니 본인 노력 여하에 따라서 대출을 생각보다 많이 받을 수 있다. 우리가 흔히 아는 대출 외에 다른 대출 상품도 많으니 노력해보자.

　은행으로 직접 가서 문의하면 오히려 대출이 잘 안 나오는 경우가 많다. 대출상담사를 통하거나 지인에게 은행지점(담당자)을 소개받아서 상담하는 편이 낫다.

　처음 대출을 받으려면 어디에서 대출상담사를 만나야 할지 막막할 것이다.

　- **지인찬스**: 주변에 집을 산 친구, 지인이 있다면 대출 정보를 물어보자.
　- **부동산에서 소개받는 방법**: 강남, 분당 판교, 부산 해운대구 등 고가의 부동산을 거래하는 곳은 금액대가 크다 보니 대출 소개가 활발하다. 15억원

이상 주택담보대출이 나오지 않는 아파트의 경우 매수자가 개인적으로 대출받을 수 있도록 최대한 도와준다. 고가주택을 거래하는 사람들이 돈이 많아서 대출 없이 주택비용을 통으로 현금이체할 거라고 생각한다면 오산이다. 자산가일수록 대출 레버리지를 잘 활용한다.
- **투자 강의를 통한 인맥활용**: 같이 강의 듣는 분들과 모임도 하고 연락도 하면서 대출 정보를 얻기도 한다.
- **대출 강의**를 듣는 방법도 있다.

대출받는 것이 두려운가? 나는 대출을 정말 두려워했던 사람이다. 한의원 개원 대출조차 무서워했다. 스물일곱 살에 처음 개원했는데 워낙 어렸고, 큰돈을 들여 개원하기에는 부담이 컸기에 거의 망하다시피 한 한의원을 인수해서 개원했다. 당시 한의원을 개원하는 데 필요한 대출금은 2,000만원. 은행에 가서 2,000만원을 대출해 달라고 하니, 은행 직원분이 황당해하던 기억이 아직도 선하다. 얼마나 황당했겠는가? 다들 몇억원 단위로 대출받는데 겨우 2,000만원을 대출해 달라니.

적은 자금, 저렴한 월세, 망해가는 한의원, 안 좋은 입지에서 젊은 여자 원장이 얼마나 고생을 했겠는가. 환자는 어찌나 안 오던지. 밖을 내다봐도 길거리에 사람이 한 명도 없었다(유동인구가 정말 없는 곳이었다). 그래도 열심히 하니까 차차 환자도 늘고 매출도 늘어서 결국에는 좋은 기억으로 남아있긴 하지만, 대출을 더 받아 좋은 입지의 상가에서 개원했다면 초반에 자리 잡을 때 덜 힘들었을 것이다.

부동산 역시 마찬가지다. 서울을 예로 들면 자산이 3억원 있을 때 대출 없이 3억원짜리 아파트를 샀느냐, 대출을 70% 받아서 10억원짜리 아파트를 샀느냐에 따라서 자산의 격차가 엄청나게 벌어졌다. 3억원짜리 아파트가 7억원이 되는 동안 10억원짜리 아파트는 25억원이 되었다.

나는 예전에는 대출을 정말 무서워했지만 이제는 생각이 많이 바뀌었다. 이제는 대출 자체가 위험한 것은 아니라고 생각한다. 부동산의 전반적인 흐름을 읽는 눈이 없는 것, 대출 레버리지를 활용할 줄 모르는 것이 훨씬 더 위험하다.

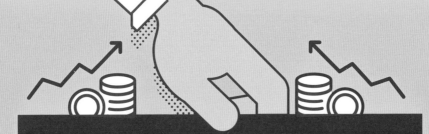

2장

투자 장벽
넘어서기

근검절약하기보다
돈 공부를 하라

무작정 모으기보다 투자공부 먼저

재테크 책을 읽으면서 가장 현실감 없는 이야기는 "돈을 아껴서 종잣돈을 모은 뒤 투자하라."라는 이야기다. 씀씀이를 체크하고 지출을 아껴서 종잣돈을 모은 뒤, 그 종잣돈으로 투자해서 자산을 늘려라. 이 순서를 따르려니 지출을 아껴야 하는데 지출을 아끼는 것이 생각처럼 쉽지 않았다. 커피도 사먹지 말고 외식도 하지 말고 아끼고 아끼면서 돈을 모으라고? 신용카드를 잘라버리라고?

나는 이 모든 이야기를 따르지 않았다. 신용카드도 썼고 허리띠 졸라매며 살지도 않았다. 종잣돈을 모아서 투자한 것이 아니라 집을 팔고 월세 살면서 원래 있던 돈을 활용해서 투자했다. 물론 대출도 활용했다.

지출은 매달 거의 일정한 편이고 특별히 사치품을 사거나 쇼핑을

즐기지도 않는 편이다. 아이들 교육비, 강의 듣는 비용, 책 구입비 등 배우는 비용은 충분히 쓰려고 하고, 여행도 중요하게 생각한다. 삶에서 중요하다고 생각하는 품목에만 집중하고 나머지는 수수하게 지낸다.

부동산 투자를 시작한 뒤 우리 가정의 생활이나 지출이 크게 달라진 것은 없다. 단지, 부동산 투자의 세계를 알게 되고 투자를 실천으로 옮겼을 뿐. 하지만 자산은 많이 늘어났다. 물론 지출에서 바로잡아야 할 부분이 있다면 수정해야 한다. 하지만 큰 문제가 없다면, 씀씀이를 분석하고 지출을 줄이는 데 에너지를 쏟기보다는 수입을 늘리는 것에 집중하는 것이 맞는다고 본다.

"돈을 아껴라. 분수에 맞게 살아라." 이 말은 지금 가지고 있는 것을 지키는 데 집중하라는 것이다. 소득을 늘릴 수 있다면? 자산을 기하급수적으로 늘리는 방법이 있다면? 그것이 충분히 현실가능한 이야기라면? 당신은 어떻게 하겠는가?

아끼고 아껴 가며 천천히 종잣돈을 모아 나가겠는가, 아니면 지금 당장 자산을 기하급수적으로 늘리는 방법을 실행하겠는가? 나는 당연히 후자를 선택했고 부동산 투자를 시작한 지 3년이 지난 지금, 자산은 처음에 기대했던 것보다도 더 빠른 속도로 늘어났다.

무작정 아끼는 대신 돈 공부 먼저

우선 돈 공부를 해야 한다. 우리는 돈에 대한 모순된 생각들에 젖어 있기 쉽다. 돈을 바라면서도 그 욕망은 숨기고 싶어 하고, 부자를 부러워하면서도 미워하는 등등. 그 생각을 깨려면 일단 돈 공부를 시작해야 한다.

무의식적으로 "나는 부자가 될 수 없다."라고 단정하지는 않았는가? '부자들은 나쁜 사람'이라고 생각하고 있진 않은가? '부자가 되고 나면 불행해질 것'이라고 생각하는가? 돈을 어떻게 하면 벌 수 있는지 모르는 채, 무턱대고 남들이 하라는 대로 하고 있는 것은 아닌가? 하지만 남들 역시 사회가 공유하는 대중의 의견을 말할 뿐인 것은 아닌가?

당신은 부자가 이야기하는 부자가 되는 법을 따르고 있는가, 부자가 아닌 사람이 아무 생각 없이 하는 말을 따르고 있는가? 돈에 대해 생각이 정리된 딱 그만큼이 내 돈 그릇이며, 내 돈 그릇만큼 돈을 운용하고 불릴 수 있다. 내가 돈을 이해하는 딱 그 수준, 내가 운용하고 감당할 수 있는 역량의 수준이 지금 내 자산과 내 씀씀이의 모습이다.

우리는 대부분 부자가 되는 방법도 모르고 돈에 대해서도 잘 모른다. 당연하다. 배운 적이 없으니까! 돈 공부는 시간 내어 따로 해야 한다(돈 공부를 하라고 하면 흔히 금융을 떠올리는데, 부동산 투자도 돈 공부이고 돈에 대한 마인드 점검, 부자들의 이야기를 듣는 것도 돈 공부다).

아껴서 종잣돈을 모은 다음에 투자하지 말고 지금 당장 투자하자. 돈이 없어도 일단 부동산 공부부터 시작하자. 부동산 공부를 시작한 뒤 투자처가 눈에 보이면 정말 놀라운 일이 생긴다. 투자할 돈이 전혀 없다던 사람들이 다들 어디서인가 투자금을 마련해 온다.

나도 그랬다. 투자하면 오를 것이 뻔히 보이는데 어떻게 가만히 있겠는가? 대출을 받든, 주식을 정리하든, 나처럼 월세로 이사를 하든 어떻게든 방법을 찾게 된다. 그러니 먼저 공부해야 한다. 알고 나면 투자를 하게 되고 어느 정도 자산이 늘어날 때까지는 자연스레 아끼게 된다.

부동산 투자를 통해 자산이 늘어나고 마음의 여유가 생기면서, 그리고 자본주의 세계를 이해하게 되면서 아이들 입시에 대한 집착을 내려놓은 분들의 이야기도 많이 듣는다. 자연스레 아이들 교육비 지출이 줄어들었다는 분들도 많다. 허세를 위해 쓰는 돈이 줄었다는 사람들도 많다. 진짜로 자산이 늘어나니 굳이 나를 과시하기 위해, 남들에게 잘 보이기 위해, 내 자존감을 높이기 위해 돈을 쓸 필요가 없어진 것이다.

돈 공부에 도움이 되는 책들 __ 📖

처음 부동산 공부를 시작할 때는 어떤 책을 읽어야 하는지조차 몰랐다. 그런 분들을 위해 내가 도움을 받았던 책들, 특히 돈에 대한 개념, 자본주의의 속성, 그리고 부동산 투자 마인드를 가르쳐준 책들을 소개한다.

보도 섀퍼, 《돈》

엠제이 드마코, 《부의 추월차선》

이즈미 마사토, 《부자의 그릇》

김승호, 《돈의 속성》

브라운스톤, 《부의 인문학》

로버트 기요사키, 《부자 아빠 가난한 아빠》《부자들의 음모》《부자 아빠의 투자가이드》

이서윤/홍주연, 《더 해빙》

에스더 힉스/제리 힉스, 《유인력 끌어당김의 법칙》

렘군,《10년 동안 적금밖에 모르던 39세 김 과장은 어떻게 1년 만에 부동산 천재가 됐을까?》

대치동키즈,《내 집 없는 부자는 없다》

포이,《20대부터 시작하는 부동산 공부》

김원철,《부동산 투자의 정석》

김세희,《딱 2년 안에 무조건 돈 버는 부동산 투자 시크릿》

분석하기보다
인사이트를 길러라

나는 모든 것을 직접 할 시간과 에너지가 부족했다

부동산 책을 읽어보면 "직접 분석하라. 직접 임장을 가라. 직접 해야 실력이 는다. 남에게 의존하지 말고 자기만의 통찰력을 갖춰라."라는 내용의 조언이 많다.

전문가들이 추천하는 부동산 전문가 되는 법

– 매주 월요일, 자신이 관심 있게 보는 지역의 매물을 엑셀에 정리하기

– 금요일마다 KB부동산 주간동향 분석하기

– 주말마다 임장 가기

– 일주일마다 분양하는 아파트를 체크하고 청약경쟁률, 분양상황 파악하기

– 지역별 미분양 수치를 일일이 전화 걸어 확인하기

– 부동산에 전화해서 전국 부동산 시세 확인하기 및 변화 파악하기

> – 부동산지인, 아실 사이트의 데이터에만 의존하지 말고, 각 사이트에 직접 들
> 어가서 가공하기 전 데이터 직접 분석하기

고백하자면 나는 이 모든 것을 하지 않는다. 못 한다고 하는 것이 더 솔직한 표현이다. 그럴 시간도 에너지도 없다. 어린 애들 둘에, 코로나 시국으로 애들이 학교도 제대로 못 가는 와중에 임장은커녕 밖에 나가기도 쉽지 않다. 애들 데리고 임장을 가면 그게 임장인지 고행인지 헷갈린다. 그럼 그렇게 분석하고 직접 임장 다닐 시간이 없는 사람은 투자하면 안 되는 것일까?

전혀 그렇지 않다. 바쁘면 요령껏 하면 된다. 나는 한의원을 한창 운영하던 중에 부동산 투자를 알게 되었고, 투자를 서너 건 진행한 뒤에야 한의원을 그만두었다. 당시 아이들도 어렸고 한의원까지 하고 있었는데, 부린이였던 내가 무슨 분석을 그리 깊이 하고 임장까지 제대로 하며 투자를 했겠는가? 요령껏 할 수 있는 만큼 한 것이다. 그렇다고 결과가 잘못되었느냐 하면 그렇지 않다. 처음부터 전문가의 조언을 다 따라 하려다가는 압도되어 오히려 손을 놓게 된다. 내가 할 수 있는 것부터 하나씩 시작하자.

블로그 글 참고해서 부동산 공부 감 잡기

나는 직접 분석하기보다는 분석해 놓은 블로그 글을 읽는다. 블로그 글뿐 아니라 부동산 카페, 부동산 강의를 모두 총동원한다.

블로그 글을 보다 보면 매주 주간동향을 가져와서 분석해 주기도

하고, 전국 매수심리·매도심리 그래프를 소개하면서 분석해주기도 하고, 특정 지역을 분석해 줄 때도 있다. 지역별로 전반적인 분위기를 훑어주기도 한다. 그런 것들을 보면서 "이렇게 해석하는 거구나, 이

'21년 7월 5주 주간동향

1	주간 상승률 TOP 10		
순위	지역	1주	지난순위
1	오산	1.45	2
2	수원 장안구	1.29	4
3	제주/서귀포	1.21	-
4	수원 권선구	1.00	1
5	평택	0.99	3
6	동두천	0.96	-
7	인천 계양구	0.95	-
8	인천 연수구	0.90	5
9	안양 동안구	0.89	-
10	안성	0.84	6

2	연간 상승 TOP 10		
순위	지역	1주	지난순위
1	시흥	29.51	1
2	오산	27.06	4
3	동두천	27.03	2
4	인천 연수구	26.13	5
5	고양 덕양구	26.05	3
6	수원 권선구	25.93	6
7	일산동구	23.68	7
8	수원 장안구	23.13	-
9	안산 단원구	23.11	8
10	의정부	23.01	9

3	주간 하락률 TOP 10		
순위	지역	1주	지난순위
1	목포	-0.12	1
2	세종	-0.03	3
3	0	0.00	-
4	0	0.00	-
5	0	0.00	-
6	0	0.00	-
7	0	0.00	-
8	0	0.00	-
9	0	0.00	-
10	0	0.00	-

(출처: KB부동산)

런 것들을 보는 거구나, 지금 분위기가 이렇구나." 하고 감을 잡으려 노력한다.

앞의 표는 2021년 7월 5째주 주간동향이다. 전국 대부분의 지역이 상승하는데 유독 목포와 세종만 하락 중이다. 특히 연간으로 하락하는 곳은 목포밖에 없다. 어떤 생각이 드는가? '모든 곳이 다 오르는 중에 목포만 하락하다니 목포는 정말 별로인가 보네.' 이렇게 생각하기 십상이다.

하지만 특정 블로그에서 이 표와 함께 "목포 평균은 하락이지만, 일부 지역은 상승을 시작하고 있고 매물 구하기도 어렵다. 평균의 오류에 빠지지 마라. 다른 지역은 이미 상승을 시작했지만, 목포는 일부 지역만 상승을 막 시작했으니 여기에서 투자기회를 찾을 수도 있다." 라는 정보를 얻었다면 정보를 읽는 새로운 시각을 배운 것이다.

이런 글들을 계속 보고, 부동산 시장에 관심을 가지고 지켜보는 시간이 쌓이다 보면, 표나 그래프만 보고도 거기에 나타나지 않는 모습과 앞으로 일어날 일들도 짐작할 수 있게 된다.

큰 흐름을 읽는 통찰력 배우기

처음부터 세세하게 파악하려고 하면 넓은 시야를 갖추기 어렵다. 우선은 전체적인 흐름을 파악하고 통찰력을 배우는 데 집중하자. 금융상황이나 부동산 정책을 다룬 통찰력 있는 글들도 자꾸 읽어보아야만 지금의 부동산 시장 상황이 이해되고, 이슈가 있을 때마다 스스로 생각도 해보게 된다.

집값이 급등하던 지역이 조정지역으로 지정되면 온라인상에는 관련 글이 엄청나게 올라온다. 이때 부동산 카페에 올라오는 글들을 보면 "이제 조정지역이 되었으니 집값이 떨어질 것이다." "대출이 안 나오니 사람들이 더 이상 집을 못 살 것이다." "집값이 반토막 날 것이다." 등등 난리가 난다.

그런데 부동산 블로거들의 글을 보면 시각이 다르다. '규제만으로는 집값을 잡을 수 없다'는 이야기에 자기 의견을 섞어서 올린다. 규제한다고 해서 시세가 상승하는 근본적인 원인이 해결되는 것이 아니므로, 몇 달간만 조용하다가 다시 상승할 거라고 주장한다.

집값이 떨어질 거라는 시각과 규제만으로는 집값을 잡을 수 없다는 시각의 양쪽 이야기를 다 듣고, 흐름이 어느 쪽으로 흘러갈지 짐작해보자. 몇 달만 지나면 부동산 시장이 어떻게 흘러가는지 확인할 수 있다. 처음엔 당연히 잘 모른다. 그래프를 읽을 줄도, 표를 해석할 줄도 모르고 상황 파악도 어렵다. 그러니 부동산 투자를 잘하는 사람들이 해주는 이야기를 지속적으로 보면서 시장 흐름을 읽는 사고능력을 가장 먼저 배우자.

처음부터 생각하는 힘이 있을 리가 없다. 잘하는 사람들의 글을 보며 "이렇게 생각할 수도 있구나." 하고 생각도 틔우고 훈련해서 생각의 힘을 키우면 된다. 부동산 공부를 하기 전에는 어땠나? 전혀 관심도 없고 생각조차 안 해보지 않았던가?

부동산 블로그 글 읽으며 인사이트 키우기

부동산 블로그를 이웃추가하고 매일 새 글 읽기(자투리 시간을 활용해서 매일 30분 이상)

- 부동산 시장 분위기, 시세변화 정보를 얻는다.
- 그래프, 분석자료 등을 해석하는 방법, 향후 상황을 짐작하는 통찰력을 배운다.
- 부동산 관련 이슈(금융 상황, 정치적 이슈, 정부 규제 등)가 있을 때 여러 가지 의견을 보면서 사고를 확장하고, 어떻게 흘러가는지 지켜보면서 어떤 생각이 맞았는지 확인한다.

배우자의 반대를 현명하게 넘겨라

배우자의 반대는 투자의 가장 큰 걸림돌?

우리 부부의 경우에는 내가 투자를 시작하려 할 때 남편도 근로소득의 한계를 절감하고 있었기 때문에 투자를 반대하기는커녕 은근히 내가 시작하기를 바라고 있었다. 본인은 일이 바빠서 도저히 투자할 엄두가 안 나니 아내가 해주기를 내심 바랐던 터였다. 하지만 그렇다고 해도 막상 내가 투자를 시작한다고 했을 때 상당히 불안했을 것이다.

남편이 "처음 몇 번은 잘 안 되더라도 너무 좌절하지 말자. 몇 년 하다 보면 잘하겠지. 이 분야도 실력을 쌓는 데 시간이 필요하지 않겠어?"라고 해 주어서 덜 부담스럽게 투자를 시작할 수 있었다. 우리 부부는 "투자를 적극적으로 해보자!"라는 목표가 서로 일치했기에 수월하게 투자를 시작한 케이스인데 주위 분들 이야기를 들어보면 부동산 투자의 가장 큰 걸림돌이 '배우자의 반대'인 경우가 상당히 많다.

부부가 뜻이 맞아서 부동산 투자를 함께 열심히 하기는 쉽지 않다. 특히 처음부터 그러기는 더더욱 쉬운 일이 아닌 것 같다. 작용·반작용의 법칙인지, 한 명이 공격적이면 다른 한 명은 저절로 수비적으로 되는 경향이 있다. 투자도 하고 싶고 배우자와 사이도 틀어지고 싶지 않은데, 어떻게 하는 것이 현명할까?

나와 생각이 다른 상대방을 품으면서 나아가기

자신은 투자에 대한 마음이 열려 있더라도 배우자는 관심이 전혀 없고 생각이 다를 수 있다. 그럴 때 나와 생각이 다르다고 해서 저 사람이 내 발목을 잡는다고 원망만 하면 해결책도 안 보이고 답답하기만 하다. 합의점을 찾아가는 과정이 필요하다. 결국 자산을 늘려서 경제적으로 여유롭고 자유로워지고 행복하게 살기 위한 것이 목적인데, 이것을 향해 나아가면서 내 주위 소중한 사람들과도 합의점을 잘 찾아나가는 것. 그 둘을 동시에 하는 지혜와 노력이 필요하다고 생각한다. 너무 급하게 생각하지 말고 시간을 두고 차차 쌓아나가야 할 일이다.

배우자에게도 투자를 반대할 만한 이유가 분명히 있을 것이다. 배우자가 생각하는 두려움이나 투자에 대한 부정적인 생각도 잘 들어주고 이해할 필요가 있다. 또한, 배우자 역시 투자를 하고 싶지는 않다 하더라도 미래에 대한 불안함은 갖고 있을 것이다. 경제적으로 자유롭고 싶고 일에서도 자유롭고 싶을 것이다. 그러니 그런 자유로운 미래를 어떻게 만들어갈지 함께 방법을 궁리해보는 차원에서 이야기를 해보라.

함께 투자 공부를 하거나 투자강의를 듣는 것도 좋다. 대부분의 두려움은 무지에서 나온다. 몰라서 더 무서운 것이다. 알면 알수록 두려움이 줄어들고 확신이 올라간다. 강의를 통해서 투자의 세계에 입문하게 될 수도 있다.

투자의 세계에 들어서면 '투자를 할 거냐, 말 거냐'가 아니라, 이 많은 투자처 중 "무엇을 살까?", "투자를 어떻게 해야 할까?"로 생각이 바뀌게 된다. 그러니 배우자가 부동산 강의를 듣는 정도는 받아들이도록 설득해보자. 강의 듣는다고 큰일이 나는 것도 아니니 말이다.

내가 먼저 투자실력 쌓기

나 자신이 먼저 투자에 대한 확신을 다질 필요가 있다. 내가 이 투자처에 대해 100% 확신한다면 배우자가 반대하더라도 투자하자고 강력하게 주장할 수 있을 것이다. 배우자가 반대할 때 마지막에 물러서는 이유는 무엇일까? '혹시 내 주장대로 했다가 잘못되면 어쩌지? 내가 다 덤터기 쓰면 어쩌지?' 하는 염려 때문일 것이다. 결국 책임지는 것이 두려운 것이다.

잘 생각해보자. 사람은 자기가 진짜 하고 싶은 일은 어떻게든 한다. 어떤 것은 양보도 하고 다른 사람 의견에 물러서기도 하지만 정말

하고 싶은 것은 한다. 부동산 투자도 마찬가지다. 정말 하고 싶고 자신이 그것을 확신한다면 배우자의 반대에도 물러서지 않을 수 있는 힘이 생긴다.

점진적으로 마음 열기

주위에 배우자와의 갈등을 현명하게 넘긴 분들이 있다. 한 지인은 부동산 공부를 하고 나니 투자처가 여러 군데 보여서 전력으로 투자하고 싶었지만 가볍게 지방의 분양권에 투자했다. 배우자가 강경하게 반대하니 절충안으로 "지방 분양권 투자를 계약금 3,000만원 정도로 가볍게 시작해보자."라고 합의했다고 한다. 그렇게 해서 그 분양권의 시세가 살짝 올랐을 때 팔아 현금화해서 배우자에게 주었다. 오래 가져가면 더 오를 것이 뻔히 보였지만, 팔아서 현금이 들어오는 것을 직접 눈으로 보고 경험해야 배우자의 마음이 열릴 것이라는 생각에 그렇게 했다고 한다.

투자를 싫어하던 사람이 처음부터 마음을 열기는 힘들다. 한두 번 성공 경험이 생기고 현금수익이 직접 손에 들어와야 서서히 마음이 열린다. 이때 잘난 척하거나 뻐기는 것은 유치한 짓이다. "정말 투자하고 싶었는데, 당신이 마음이 안 열려 있을 때인데도 이렇게 나를 믿어줘서 정말 고마워. 당신이 마음을 내어 준 덕분이야."라고 할 줄 알아야 한다. 행복하려고 하는 투자가 아닌가. 배우자 위에 군림하려고 투자하는 사람은 없으리라 믿는다.

배우자의 반대가 너무 심해서 아예 그 어떤 투자도 하지 못하는 경우도 있을 것이다. 그런 경우는 본인이 공부하고 투자처를 찾아서 모의 투자를 해보자. 그리고 그 모의투자처에 관해 배우자에게 이야기하고 그 아파트의 시세가 어떻게 변화하는지 함께 지켜보는 것도 좋다.

"내가 이 아파트 사자고 했는데 당신이 반대해서 못 샀잖아! 이제 어떻게 해! 이게 지금 몇억원이나 올랐는데. 아, 속상해!"라고 원망하기 위한 것이 아니다. 당신 자신도 투자에 대한 실력을 쌓고, 배우자 역시 투자에 대해 마음을 열고 당신을 믿는 데 이런 시간이 필요한 것이다.

지금 투자를 못 한다고 해서 기회가 아예 없는 것은 아니다. 기회는 앞으로도 당신이 죽을 때까지 계속 나타난다. 지금 당장은 투자를 못 하더라도 앞으로는 할 수 있도록 계속 상황을 만들자. 물론 부동산은 실전 경험이 중요한 분야이니, 이 이야기는 정말 투자를 못 할 경우의 이야기다(다시 한번 말하지만 정말 못 하는 경우다. 웬만하면 지금 당장 시작하자).

꼭 이렇게까지 해야 하느냐고? 그렇다. 배우자는 공들여 설득해야 하는 정말로 소중한 사람이니까.

4

마음먹는다고 다가 아니다, 시간을 들여라

이제 막 마음만 먹었을 뿐이다

모든 일에는 중간단계가 있다. 전혀 모르던 단계에서 조금씩 기웃거리며 그 세계에 익숙해지고 감을 잡으려면 시간이 필요하다. 부동산 투자도 마찬가지로 시간을 들여서 관심을 갖는 기간이 필요하다. 그러다 보면 어느새 투자마인드도 갖추게 되고, 투자용어에도 익숙해지며, 시세나 분위기가 궁금할 때 어디를 어떻게 찾아봐야 할지도 알게 된다.

놀라운 일은 많은 사람들이 "투자를 해야 하는데 할까, 말까….." 하다가 "해야지!"라고 결심하면 그 즉시 투자하려고 든다는 것이다. 혹은 어쩌다 본인이 마음에 꽂힌 투자처에 대해서만 할까, 말까 갈등한다.

투자하기로 결정했다는 건 이제 막 마음을 먹었다는 것일 뿐이다. 부동산 공부를 하고 적정 투자처를 발견하기까지는 시간과 노력이 필요하다. 처음에는 모르는 것이 당연하고 투자처가 안 보이는 것도 당연하다. 공부하면 된다! 시간을 들이자.

시작은 용어부터

처음 부동산 투자를 시작할 때는 부동산 투자 관련 용어들이 생소하고 낯설 것이다. 부동산 소장님과 이야기할 때나 부동산 카페 혹은 책에서 주로 쓰는 단어도 자꾸 보면 익숙해진다. 이번 장에서는 우선 가장 많이 접하는 부동산용어를 소개하겠다.

가장 많이 접하는 부동산용어

임장: 직접 부동산 현장에 답사 가는 것

매수: 부동산을 사는 것

매도: 부동산을 파는 것

단타: 부동산을 단기간 소유했다가 파는 것

레버리지: 차입자본을 끌어와 자산을 매입하는 것. 부동산 투자의 경우, 순전히 본인 자산으로만 부동산을 사지 않고 대출이나 전세금을 활용해서 매수하는 것(대출을 받거나, 전세 끼고 매매가와 전세가의 갭 차이로 자산을 매입하는 것)

갭투자: 매매가와 전세가 차이(갭)만큼의 자금을 투입해 주택을 구매하는 투자방식

다운계약: 실제 매물가격보다 낮게 실거래가를 신고하는 것

주담대: 주택 담보 대출

중대: (분양권) 중도금 대출

융무: 융자 없음

무옵: 옵션 없음

풀옵: 풀(full) 옵션

양타: 단독으로 중개하는 경우. 한 중개소에서 매도, 매수 양쪽의 중개보수를 모두 받는 것

뻥뷰: 막힘없이 시원하게 뚫린 뷰(최근 조망을 중요하게 생각하는 트렌드. 대개 뻥뷰를 좋아함)

주전세, 주전매매: 집주인이 집을 팔고 그 집에 전세를 사는 조건

깡통전세: 대출과 전세금을 합치면 매매가를 넘어가는 집(전세금을 떼일 우려가 있는 집)

역전세: 전세가가 이전 계약할 때보다 하락해서 새로 전세계약을 할 때 집주인이 전세입자에게 돈을 돌려줘야 하는 상황

정상: 세입자 임대기간이 남아 있지 않아 정상 입주가 가능한 물건

국평: 국민 평형 84m²(33~34평)

모하: 모델하우스(견본주택)

오피: 오피스텔

아파텔: 아파트처럼 방 2개나 3개에 욕실이 2개인 오피스텔. 오피스텔 중 아파트 형태의 주택으로 건축법상 오피스텔로 분류

일분: 일반 분양

특공: 분양 특별 공급

줍줍: 분양 이후 미분양된 것, 계약하지 않은 미계약분에 대한 무순위 추첨

피: 프리미엄. 분양권의 경우 분양가에서 피가 붙은 가격이 거래가격이 됨

초피: 분양 후 초기에 형성되는 프리미엄

마피: 프리미엄이 붙지 않고 오히려 마이너스가 된 것

무피: 프리미엄이 없음

손피: 분양권을 거래할 때 매도자가 손에 쥐는 피 가격(양도세 매수자 부담 조건으로 거래하는 상황, 양도세 매수자 부담 조건은 합법임)

주복: 주상복합아파트

도생: 도시형생활주택

근생: 근린생활시설

생숙: 생활형 숙박시설

지산: 지식산업센터(아파트형 공장을 최근 지식산업센터로 부름)

RR: 로열동 로열층

초품아: 단지 안에 초등학교가 있는 아파트

못난이: 인기 없는 층이나 호수 혹은 자기가 가진 부동산 중 인기 없는 것

부린이: 부동산 초보(부동산 어린이)

상투: 최고 가격을 주고 산 것

물림: 팔기가 어려운 상태가 된 것

풍선효과: 풍선의 한쪽을 누르면 다른 한쪽이 부풀어 오르듯, 한 곳을 규제하면 규제를 피해 다른 곳으로 투자수요가 몰리는 현상

영끌: 영혼까지 끌어모아 대출받아 집을 매수하는 것

배배: 배액배상(계약금 지급 이후 계약금을 받은 측에서 계약을 파기하면 계약금에 대해 배액배상을 해줘야 함)

장특공: 장기보유특별공제

관처: 관리처분인가

몸테크: 몸으로 재테크한다(재개발이나 재건축단지의 낡은 집에 실거주하며 불편함을 감수하고 재테크하는 것)

이생집망: 이번 생에 집 사기는 망했다

청무피사: 청약은 무슨, 피 주고 사라

> **청무구사**: 청약은 무슨, 구축 사라
>
> **오신내전**: 오늘의 신고가가 내일의 전세가
>
> **대팔대사**: 대충 팔고 대충 사, 어차피 다 올라

　나는 처음 부동산 투자를 시작할 때의 마음, 막막하고 두렵고 낯설었던 마음을 기억하고 있다. 부동산 중개소 문을 열고 들어가기도 겁나고, 네이버 부동산을 보다가 부동산에 전화할 때도 가슴이 두근거렸다. 뭐라고 말해야 할지, 무엇을 물어야 할지도 몰랐다. 투자하고 싶은 아파트를 어렵게 골랐다 하더라도 그중에서 몇 동 몇 호를 골라야 할지도 몰랐다. 임장, 매도, 매수 이런 말도 어려웠고 분석자료도 어떻게 봐야 할지 몰랐다.

　그런데 이 책을 쓰면서 깜짝 놀란 사실은 이제는 부동산 용어에 너무나 익숙해졌고, 완전히 부동산 투자자의 마인드를 갖추게 되었다는 사실이다. 3년 전 부동산 투자도 모르고 개념도 없던 때와는 완전히 달라진 것이다.

백점짜리 투자는 없다

처음 회사에 입사했을 때, 자기 전문분야의 일을 시작했을 때를 떠올려보자. 그때는 모든 것이 낯설고 어려웠을 것이다. 하지만 그곳에서 어떻게든 버티고 일하다 보면 어느새 익숙해져 있지 않던가. 부동산 투자도 마찬가지다. 처음부터 다 아는 사람도 없고, 처음부터 백점짜리 투자를 하기도 어렵다. 차차 알아가면 되고, 나에게 보이는 투자처부터 투자하면 된다.

대신 안전한 투자가 무엇인지, 좋은 투자가 무엇인지 큰 방향을 알고 투자하기를 권한다. 부동산 상승·하락의 원리가 무엇인지 핵심 이론은 이해하고 투자하자. 그래야 장기적으로 안전하게 투자할 수 있다.

처음 시작하는 사람들 중에 무서우니까 "가볍게 해볼까?" 하는 생각에 소액으로 저렴한 부동산을 매수하는 경우가 있는데, 사실은 그런 투자가 더 어렵다. 부동산은 내가 아무리 팔고 싶어도 아무도 안 사면 계속 가지고 있어야 한다. 누가 사줘야만 투자가 마무리된다.

주언규(닉네임 신사임당)의 《KEEP GOING》이라는 책에서 인상적인 내용은 "한 번에 올인하지 마라."라는 것이었다. 보통 창업하면 망하기 쉬운데, 여러 번 도전하면 점차 성공확률이 올라간다. 그러니 여러 번 도전할 수 있도록, 처음에 망하면 완전히 끝나버릴 상황을 만들지 말고 오래 할 수 있는 상황을 만들라는 것이다.

부동산 투자도 마찬가지다. 부자가 되려면, 자산가가 되려면, 투자 실력이 늘려면 시간이 필요하다. 그리고 그 실력은 부동산에 지속적으로 관심을 기울이고 투자경험을 쌓아가면서 늘려가야 한다. 그러려면 실패하지 않고 안정적으로 오래 지속하는 것이 중요하다. 이를 위해 부동산 투자에서 중요한 이론이 무엇인지, 투자의 종류에는 어떤 것들이 있는지, 안전한 투자가 무엇이고 공격적인 투자가 무엇인지를 먼저 알아야 한다(이 내용은 '3장 핵심을 빠르게 파악하는 코어 투자법'에서 자세히 다루겠다).

공인중개소 문턱을 넘어라

전화할 부동산 고르기

나는 부끄러움이 많은 편이라 치킨집에 배달 주문할 때도 긴장하는 사람이다. 그런 내가 처음 부동산에 전화할 때 얼마나 떨었겠는가? 나뿐 아니라 누구라도 맨 처음 부동산에 전화하려면 긴장하게 마련이다. 요령을 알려드리겠다.

관심이 가는 아파트를 알아보기 위해(매물현황, 시세, 분위기 조사) 전화해야 한다면 우선 전화할 부동산을 골라보자.

① 해당 아파트 매물을 많이 가지고 있는 부동산: 네이버 부동산에 아파트를 검색하면 매물이 쭉 나온다. 매물을 살펴보면서 이름이 자주 보이는 부동산을 고른다.
② 네이버 지도에서 해당 아파트와 가까운 곳에 있는 부동산: 세대

수 많은 아파트라면 정문 근처 부동산 몇 개 + 단지 내 부동산 한 개 + 근처 큰 상가에 있는 부동산 한 개 이런 식으로 고른다.

③ 아파트 입구 근처에 위치 + 상호에 아파트 이름이 들어가 있는 부동산: 그 동네에서 오래된 터줏대감 부동산일 가능성이 높으니 참고한다.

몇 군데 리스트를 추려내어 전화를 돌린다. 나도 처음에는 실수할까봐, 초보인 것이 티날까봐, 투자자라고 싫어할까봐 별별 걱정이 다 들고 긴장이 많이 되었다. 하지만 부동산 입장에서 볼 때 우리는 손님이니 겁먹지 말자. 말이 통하는 부동산 두 군데 정도만 찾으면 된다.

> 나: 네이버 부동산 보고 전화했습니다. OO아파트 매수에 관심 있어서 전화했어요(매수인지, 전세를 구하는지, 매도인지 목적을 명확하게 알려준다).
> 소장님: 몇 평 보세요? 이사 날짜는요?
> 나: 투자하려는 것이라 기본적으로는 34평을 보고 있는데 가격조건이 맞으면 큰 평수도 생각합니다(금액이 모자라면 소형도 보겠다고 말한다). 투자를 하려고 하는데 추천해 주실 매물이 있으신가요?

나는 솔직하게 투자자라고 말한다. 어차피 전세 낀 물건을 사야 할 때도 있고 집을 산 이후에 전세를 맞춰야 하는 상황도 있을 수 있으니, 내 상황을 솔직하게 이야기하고 협조를 구하는 편이다. 가끔은 투자자라고 하면 상대하기 싫어하는 소장님도 있는데, 불편하면 다른 부동산으로 가면 될 일이다.

적극적으로 응하는 부동산이 있고 성의 없이 응하는 부동산도 있다. 매수세가 있을 때는 워낙 사려는 사람들이 많으니 소장님들도 익숙해서 서로 편한데, 투자자 문의가 거의 없던 아파트 부동산에서는 성의가 없는 경우도 있다. 이미 한 차례 오르고 난 뒤 조용할 때는 이미 올랐으니 투자를 안 할 거라고 지레짐작해서 성의 없이 응하는 경우도 있다. 이럴 때는 주로 실거주자가 사기 때문에 실거주자인 척하고 문의하는 것이 편하다. 또, 이러한 소장님들의 반응을 보면서 현장 분위기를 파악할 수도 있다.

> "친정엄마가 이사하려고 하시는데 이 아파트를 원하세요. 나이가 많으셔서 제가 대신 알아봐 드리려고요. 엄마 친구분 중에 이 아파트에 사시는 분들이 좋다고 하니까 엄마가 여기로 이사 오고 싶어 하세요."
> "남편 직장 때문에 여기로 이사해야 하는데, 알아보니까 이 아파트가 우리 상황에 좋아 보여서 관심이 있어서요."
> "투자자인데 이미 한번 오른 것은 알고 있지만 여차저차한 이유로 추가 상승 여력이 충분해 보여서요. 그런데 이 아파트 자체에 대해서는 제가 잘 모르니 매물 소개 좀 해주세요."

소장님이 듣기에도 이 사람이 사려는 이유가 충분해 보이면 의지가 생기게 마련이다(소장님 입장에서 생각해 보면 워낙 전화로 떠보고 마는 경우가 많을 테니, 진짜 살 사람 같지 않으면 무성의하게 대하는 경우도 많은 듯하다).

　부동산 두세 곳에서 매물이나 아파트의 전반적인 상황에 대한 설명을 듣고 온라인 검색으로 크로스체크(네이버 지도, 지역 맘카페, 지역 부동산 카페, 블로그 등)를 한다. 어차피 정말 살 거라면 최종적으로는 직접 가볼 테니 적당히 상황을 파악하면 마친다.

　매수할 생각이 있고 집을 보러 갈 계획이라면 약속 날짜를 정하고 "볼 수 있는 매물을 추려서 문자로 달라. 집을 볼 수 있게 약속을 잡아 달라. 몇 시부터 몇 시까지 그 지역에 있을 것이니까 되도록 낮에 볼 수 있게 해주고(해 드는 것 볼 수 있게), 저녁에 퇴근 후에만 볼 수 있는 집은 몇 시쯤에 다시 보러 가거나 혹은 집을 볼 수 있는 시간에 맞춰서 다시 가겠다."라고 하고, 그사이 비는 시간에는 임장하거나 다른 부동산에 간다.

　매도할 때는 매도라고 먼저 밝히고 가격을 물어보면 소장님들이 매물가격을 저렴하게 유도하니 주의해야 한다. 가격이 저렴해야 거래성사가 쉽고 소장님들은 거래를 성사시켜야 수입이 발생하기 때문에, 아무리 분위기가 뜨겁더라도 매도자에게는 "집 보러 오는 사람이 없다. 이 가격에는 팔기 힘들 것 같다."라고 이야기한다. 매수한 곳이 아닌 다른 부동산에 매수자인 척하고 전화해서 시세를 알아본 뒤에 매도 가격을 정해서 부동산에 내놓기를 추천한다.

부동산 중개소에서 얻어야 할 정보

부동산에 전화하거나 직접 찾아갈 때는 매물정보를 브리핑 받아서 매수하기에 적정한 물건을 고르는 것을 목표로 한다. 매물리스트 외에 파악하면 좋은 정보들은 아래와 같다.

- 아파트에서 선호하는 동은 어디인지, 왜 그런지
- 근처 초등학교는 어떤지, 아이들은 어느 길로 다니는지
- 학원은 어디에 있고 아이들이 어느 길로 다니는지 혹은 어디에서 주로 학원 차를 타는지
- 옆 아파트와 비교하면 어디가 더 좋은지
- 왜 사람들이 이 아파트를 더 선호하는지
- 아파트 거주자들이 주로 어디에서 일하는지
- 출퇴근할 때 이용하는 버스정류장이 어디에 있는지
- 지하주차장이 엘리베이터와 연결되어 있는지, 주차장이 어떤지, 주차하기 편리한 동이 어딘지
- 아파트의 이미지가 동네에서 어떤지
- 주로 어느 연령대의 사람들이 거주하는지 등

부동산 소장님도 미래는 모른다

부동산 소장님에게 지금 분위기(매수세)를 물어볼 수는 있지만 "이 아파트가 앞으로 오를까요, 안 오를까요?"를 물어볼 필요는 없다. 부동산은 거래를 도와주는 곳이지 부동산 가격이 오를지 내릴지를 안내해 주는 곳은 아니기 때문이다.

　간혹 '부동산 소장님이니까 나보다 더 잘 알겠지. 부동산 전문가니

까 소장님 말을 들어야지.' 하면서 끌려가는 경우도 생각보다 많고, 임장을 간다면서 부동산으로 가서 소장님만 붙들고 공부하는 사람도 꽤 있는 것 같다. 물론 필요한 경우도 있겠지만 그게 주가 되어서는 안 된다. 정리하면 다음과 같다.

> - 소장님은 거래를 돕는 사람이다.
> - 선택은 내가 하는 것이다.
> - 소장님 의견은 한 사람의 의견 정도로 참고하자(마지막에 결정할 때 불안하니 전문가처럼 보이는 사람에게 의지하고 싶은 마음은 이해하지만, 결정의 주체는 결국 자신).
> - 지역의 소소한 이야기들은 참고하되 현재 가격에 다 반영되어 있다는 사실을 알자. 그런 이야기들을 모른다고 해서 큰일 나지 않는다. 다만, 천지개벽하듯 달라질 곳은 시세가 역전할 수 있다.

또한, 계약파기나 배액배상 등 까다로운 상황에 처했을 때 소장님이 내 편을 들어주고 나를 도와줄 거라고 기대할 필요도 없다(괜히 마음의 상처만 된다). 이분들도 본인의 직업적 양심에 맞게 최대한 거래를 돕겠지만, 까다로운 일은 피하고 싶은 게 당연하다. 기본적으로 자기 일은 자기가 알아서 챙겨야 한다. 모든 선택과 판단에 따른 책임은 결국 나에게 있다. 다시 말하지만 소장님은 양쪽의 입장을 서로에게 이야기해 주고 중개해 주는 역할을 할 뿐이다.

복잡한 투자종목
교통정리

부동산 종목별 특징부터 이해하자

"부동산 공부를 시작하려면 어떻게 해야 하나요?"라는 질문을 정말로 많이 받는다.

　부동산 투자를 현명하게 하려면 부동산 종목별 특징을 먼저 이해하는 것이 좋다. 그래야 자기에게 맞는 투자종목과 스타일을 선택할 수 있다. 흔히 부동산이라고 뭉뚱그려 이야기하곤 하지만 그 안에는 세부적인 종목도 많고 투자방법도 다양하다. 부동산 종목에는 아파트, 빌라, 단독주택, 다세대, 오피스텔, 주상복합 등의 주택과 빌딩, 꼬마빌딩, 상가, 구분상가, 지식산업센터, 토지 등의 주택 외 부동산이 있다.

투자방법도 다양하다. 아파트 매매가가 올라서 시세차익을 보고 파는 익숙한 형태도 있고, 시세차익보다는 월세 수익을 목적으로 투자하는 형태도 있다.

시세차익형 투자 종류

– 지역 부동산이 상승장일 때 상승흐름을 타고 시세차익을 보는 형태

– 경매 등의 방법으로 시세보다 싸게 사서 제값에 파는 형태

– 땅을 사서 건물을 지어 팔아 그 차익을 얻는 형태(땅을 사서 직접 건물을 짓는 데 드는 비용보다 완성된 건물을 사는 것이 당연히 더 비싸다.)

월세수익형 투자 종류

– **꼬마빌딩**: 월세도 나오지만 시세도 시간이 지날수록 오른다. 건물이 깔고 있는 땅을 온전히 소유하기 때문에 시간이 지나면 지가(땅값)가 올라서 시세차익이 난다. 개별 건물에 따라서 시세차익에 비중을 두는 스타일이 있고 월세 수익률을 우선으로 하는 스타일이 있다. 일반적으로 입지가 좋을수록 시세차익에 대한 기대가 커지고 월세 수익률은 떨어지는 경향이 있다.

– **지식산업센터**: 최근 주택에 대한 규제가 커지면서 투자수요가 커지고 있는 종목이다. 월세도 나오고 시세차익도 날 수 있는 종목이다.

– **구분상가**: 상가를 통으로 소유하는 것이 아니라 호실로 나누어져 있으며 대체로 월세 수익이 목적이다. "신도시 상가는 분양받지 말라."라는 이야기가 있는데 이는 초기 신도시에 상가가 대량으로 공급되면 공실도 많이 나고, 그에 따라 임대료를 제대로 받지 못하는 경우가 많기 때문이다. 그러다 보면 월세 수익률도 낮아지고 상가 가격도 제대로 인정받지 못하게 된다. 처음 분

양받았을 때보다 상가 가격이 내려가는 경우도 많다. 물론 옥석을 가려 시세차익을 얻는 경우도 있다. 하지만 아파트나 지식산업센터 등 다른 종목이 상대적으로 시세차익을 얻기가 더 쉬운데, 굳이 시세차익을 얻기 아주 어려운 종목에 시세차익을 목적으로 투자할 필요는 없다고 본다. 이는 월세수익을 기대하는 종목에서 시세차익을 기대하는 셈이며, 투자하기는 어렵고 성공 가능성은 적다.

중·장년층 중에서 퇴직을 대비해 강남, 잠실 등 상위입지의 아파트를 팔아서 월세수익이 나오는 상가에 투자하는 경우가 많다. 이번 서울 상승장 초반에 그런 분들이 많았는데, 당시만 해도 "서울 아파트는 이제 끝이다. 즉, 더 이상 상승은 없다."라는 분위기가 팽배했다.

그랬던 사람들이 지금 얼마나 후회하겠는가. 본인이 팔았던 강남 아파트가 수십억원 오르는 동안 자신이 산 상가의 가격은 거의 그대로이니 말이다(꼬마빌딩을 샀다면 이야기가 달라지지만 대부분은 구분상가를 사는 경우가 많다). 매달 월세만 들어올 뿐 강남 아파트의 시세차익을 얻을 기회를 놓친 것이다. 게다가 본인이 산 상가의 월세가 언제까지 유지될지도 불확실하다. 임차인이 나갈 수도 있고 건물의 가치가 떨어지거나 상권이 약해질 수도 있기 때문이다.

시세차익형 투자의 기대수익이 훨씬 더 높다

월세수익형 투자는 시세차익형 투자보다 수익을 예측하기가 훨씬 쉽다. 예를 들어 1억원을 투자해서 월세가 100만원이 나오는 상가를 샀다고 가정해보자. 물론 앞으로 이 상가의 가치가 더 올라갈지 내려갈지 예측하는 영역도 필요하지만, 당장 임대수익률 계산이 가능하고 바로 수입이 들어온다. 2년 동안 기대수익은 월 100만원씩 2,400만원이다(단순계산이다).

반면 시세차익형 투자의 경우에는 확정적인 예측이 불가능한 대신 기대수익이 크다. 1억원을 투자한다면 2년 뒤 1억원의 시세차익을 기대하는 게 통상적이다. 세금을 내고 7,000만원 정도의 수익을 얻는다고 보면 앞서의 월세수익형 투자보다 훨씬 더 이득이 크다. 대신 부동산을 팔 때까지 당장 들어오는 수입이 없고, 얼마나 오를지 혹은 가격이 하락할지 확정적으로 알 수는 없다. 예측할 뿐이다(그렇지만 부동산 상승·하락의 원리를 이해하고 사이클을 잘 활용한다면 안정적으로 투자할 수 있다).

근래에는 통화량 증가로 인해 예상보다 아파트값이 더 많이 오르는 경향이 있다. 요즘 같은 부동산 상승기에는 1억원 투자해서 1억원 오르면 약간 섭섭한 투자로 볼 만큼 기대 시세차익이 많이 높은 편이다. 나의 경우 7,000만원을 투자해서 1.5억원이 오른 아파트도 있고 5,000만원을 투자해서 3.5억원 이상 오른 아파트도 있다. 물론 세금을 내야 하니 순수익은 줄어들지만 그렇다고 해도 월세수익형 투자보다는 수익률이 높다. 게다가 월세수익에서도 세금은 어차피 내야 한다.

결론적으로 말하면 시세차익형 투자가 월세수익형 투자에 비해서 훨씬 더 자산을 많이 불릴 수 있는 투자이고, 이 책 역시 시세차익형 투자에 대한 이야기라는 것이다. 번지수를 잘 찾자. 나는 돈은 적게 벌어도 되니 월세가 당장 필요한 경우라면 월세수익형 투자 정보를 찾아라. 대신 그런 투자법은 자산을 빠르게 불리는 방법은 아니다.

상가의 경우 월세도 얻고 시세차익도 얻을 수 있다고 유혹하는 경우가 많다. 누구나 원하는 것이기에 이 유혹에 많이들 넘어간다. 하지만 이 두 가지를 모두 충족하는 경우는 드물다는 사실을 알아야 한다. 드물게 꼬마빌딩이나 지식산업센터가 둘 다 가능하지만 개별적으로 들어가서 살펴보면 시세차익에 비중이 있거나 월세수익에 비중이 있는 투자처로 갈린다.

시세차익형 투자를 결정하고 나면 경매의 유혹이 도사린다. 경매로 돈을 많이 벌었다는 사람들, 경매 강의, 경매 책이 엄청나게 많다. 하지만 경매는 집을 매수하는 방법의 하나일 뿐이다. 무엇이 더 중요한지 잘 생각해보자. 경매를 공부할 텐가, 부동산 사이클을 이해할 텐가? 경매로 시작하는 사람들이 잘 빠지는 함정은 '싸게 사는 것'에만 매몰되기 쉽다는 것이다. 만약 경매로 아파트를 싸게 샀는데 그 지역 부동산 경기가 하락해서 내 경매 낙찰가보다 매매가가 더 떨어진다면? 그나마 싸게 사서 하락폭은 덜하겠지만 안전한 투자는 아니다.

시장의 흐름도 모르는 채 처음부터 경매로 시작하는 것은 추천하지 않는다. 부동산 시장의 흐름을 먼저 이해한 다음 경매를 선택하는 것은 좋다고 생각한다. 나는 경매에 대해서는 하나도 모른다. 본인에게 맞는 방법으로 꾸준히 하면 되지 모든 종목, 모든 방법을 다 알아야만 투자에 성공하는 것은 아니다. 오히려 다 하려고 하면 죽도 밥도 안 된다.

시세차익형 투자로 결정하고, 경매보다는 시장의 흐름을 읽는 공부를 먼저 하기로 했다면 당신은 정말 많은 함정을 통과한 셈이다. 신도시 상가를 분양받아서 고생하는 사람이나, 남들은 좋은 아파트에 투자해서 시세가 잘만 오르는데 저렴한 빌라를 경매로 낙찰받아서 고생은 고생대로 하고 값은 조금 오르고, 게다가 오르긴 했는데 팔리지 않아서 고생하는 사람들이 얼마나 많은지 모른다.

상가투자를 하지 말라거나 경매를 하지 말라는 이야기가 아니다. 종목별 특징과 장단점이 있으니 그것을 알고 선택하라는 것이다. 아파트를 사서 시세차익으로 큰돈을 번 사람은 많지만 월세 받는 구분상가를 사서 큰돈을 벌기는 어렵다는 사실을 알고 자기 필요에 따라 선택하면 된다.

종목별 공부보다 큰 흐름 이해부터

아파트, 빌라, 다가구, 원룸, 오피스텔, 주상복합은 주택이며, 아파트를 제외한 나머지 주택 분야는 언제나 아파트가 많이 오르고 나서야 흐름이 늦게 찾아오는 종목이다. 분양권, 재개발·재건축, 신축·준신축·구축은 모두 아파트에 관한 이야기다. 분양권 투자에 대해 이야기하면 "아하! 아파트 시세차익 투자 중에서도 분양권에 대한 이야기를 하는구나."라고 이해하면 된다. "나는 분양권에만 투자해야지! 분양권만 공부할 거야!"라고 한다면 어리석은 사람이다. 아파트 전반에 대해 먼저 이해하고 나서 투자는 개별종목에 하면 된다.

전체를 먼저 파악하고 부분으로 들어가는 것이 좋다. 처음부터 지엽적인 것을 보면 내가 어디에서 무엇을 하고 있는지 파악하기가 어렵다.

입지분석을 아무리 열심히 한들 해당 지역의 흐름이 하락세라면 아무 소용도 없다. 재건축 대지지분, 재건축 수익률 계산을 아무리 해본들 그 지역의 부동산 시장이 침체돼 있으면 사업 진행이 안 된다. 재건축·재개발 사업성도 결국 부동산 시장이 좋으면 저절로 올라간다. 그러니 흐름이 좋을 때 입지 좋은 곳의 재건축을 사면 될 일이다.

분양권도 아무리 입지 좋은 곳에 대단지 브랜드 아파트를 분양한들, 분양 당시 피가 1억원씩 붙었던 곳조차 분양하고 입주하는 2~3년 사이에 부동산 시장이 하락장으로 접어들면 마이너스 피가 붙기도 한다.

반대로 그 지역 부동산이 상승기에 접어들면 분양권이고 재개발·재건축이고 기축이고 할 것 없이 죄다 오른다. 지금 서울에 오르지 않은 아파트가 있기나 한가? 지역만 잘 선정하고 상승 흐름만 읽을 줄 알면 얼마를 투자해서 얼마가 오르느냐의 문제이지 실패하기는 어렵다.

분수를 넘어서
욕심부리기

사람들의 욕망은 생각보다 강하다

"분수에 맞게 살아라. 욕심부리지 마라. 빚(대출)은 나쁜 것이다." 살아오면서 많이 들었던 익숙한 이야기다. 하지만 부동산의 영역에서는 이 이야기들을 따르면 손해다. 자기 분수를 넘어서 대출을 내어 마음껏 욕심을 부려야 자산이 크게 늘어난다. 대신 시장의 방향이 상승을 가리키고 있는지는 읽어내야 한다. 이 책을 읽는 독자들이라면 가능하리라 본다.

　5년 전 수도권에서 똑같이 자산이 3억원 남짓 있었던 가정의 자산 격차를 비교해 보자.

1) 전세 3억원짜리 아파트에 살았다면 그대로 자산 3억원

2) 대출 없이 분수에 맞게 산 수도권 3억원짜리 아파트는 현재 9억원대에 거래되는 중, 즉 자산이 9억원으로 늘어남

5년 전 3억원 정도였던 상봉우정아파트(무작위) 시세변화

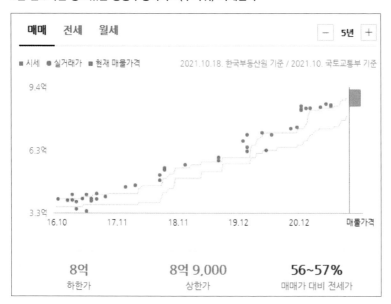

(출처: 네이버부동산)

3) 자기 자금 3억원과 대출 7억원을 합해서(5년 전에는 대출이 70% 나왔음) 분수에 넘치게 욕심껏 매수한 10억원짜리 아파트는 현재 26억원대에 거래됨. 대출금 7억원을 제외하고 자산이 19억원으로 늘어남

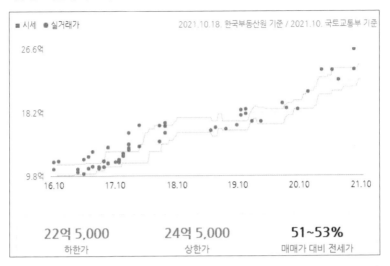

5년 전 9억원 중·후반이었던 판교푸르지오그랑블(무작위) 시세변화

■ 시세 ● 실거래가   2021.10.18. 한국부동산원 기준 / 2021.10. 국토교통부 기준

26.6억

18.2억

9.8억

16.10   17.10   18.10   19.10   20.10   21.10

22억 5,000   24억 5,000   51~53%
하한가   상한가   매매가 대비 전세가

(출처: 네이버부동산)

전세를 살았느냐, 대출 없이 자기 자본만으로 아파트를 샀느냐, 대출을 이용해서 샀느냐에 따라 자산격차가 엄청나게 벌어졌다.

욕망껏 살았던 사람들의 이야기

친한 동생이 얼마 전 내게 했던 이야기다. 자기네는 대출 없이 형편에 크게 무리하지 않는 수준에서 집을 샀다는데, 집값이 안 오르다가 최근에서야 살짝 올랐다고 한다(입지가 안 좋을수록 흐름이 늦게 온다).

반면 그 동생의 회사 동료는 대출을 내서 백화점 및 역세권 아파트를 매수했는데, 외벌이인데도 아내가 자기는 무조건 여기 살아야겠다고 강경하게 이야기해서 샀단다. 당시 "꼭 그렇게 백화점 근처에 살아야 하느냐, 대출이자 내는 것도 부담스러운데 왜 무조건 좋은 데 살려고 하느냐, 허영이 너무 심한 것 아니냐."라며 주위에서 아내를 나쁘게 말하는 사람들도 있었다고 한다. 하지만 몇 년이 흐른 지금은 "형수님이 정말 현명하시네."라며 다들 극찬을 한단다. 그 동생은 내게 "언니, 집은 욕심부려서 무리하게 사는 거였어요."라고 말했다.

이번엔 친한 언니가 들려준 이야기다. 매제가 사람들한테 뽐내는 것을 좋아하는 성향이라 한강변 고층 아파트를 역시나 무리해서 매수해서 살고 있다고 한다(연예인도 사는 호화 아파트 느낌). 자기가 보기에는 "학군도 별로고, 시끄럽고 복잡하기만 한데 왜 저런 데를 매수하지?"했다고. 그런데 지금은 동생네랑 자산격차가 엄청나게 벌어졌단다. "꼭 학군지가 아니더라도 남들이 와! 하는 곳은 오르는구나."라는 깨달음을 얻었다고 했다.

내 주위에는 자녀교육열이 높은 친구들이 많다. 그래서 무리해서라도 학군지로 이사했던 친구들이 있었는데 시간이 지나고 보니 "교육열은 좋은 거였구나." 하고 크게 느꼈다(높은 교육열 → 학군지 이사 → 집값 상승).

부동산은 가성비순이 아니다

돈은 생존을 넘어선 영역에, 욕망이 모이는 곳에 모인다. 그리고 그 욕망은 우리 모두에게 있다. 솔직해지자. '희소성, 여기 아니면 없는 것, 이것 아니면 안 되는 것, 사람들이 알아봐 주는 것'이야말로 정말 중요하고, 부동산에서는 더더욱 중요하다. 부자들은 가성비를 따지지 않고 돈을 더 주고서라도 유일한 것을 사려고 한다. 최대한 그런 것들을 사려고 노력해야 한다.

　3년 전 나는 살던 집을 팔고 월세로 이사한 뒤 지방에 있는 아파트를 여러 채 매수했다. 친구는 무주택자였다가 2년 전 영끌에 영끌을 해서 강남 대형평형을 실거주 목적으로 샀다. 그 뒤 그 아파트는 친구가 산 매매가보다 무려 18억 원 가까이 올랐다. 아무리 내 나름 요령껏 투자했다고 해도 내가 얼마나 신경 쓰고 돌아다니며 고생했는데, 친구는 강남에 우아하게 살면서도 18억 원이 오르다니! "이것이 희소성의 힘이구나." 하고 느낀 사례였다.

사고팔고를 반복하며 자산을 불리는 전략 __ 📖

장기보유 전략 vs 수익실현 후 재투자 전략

아파트 한 채 잘 사서 많이 오르면 행복할 것 같지만 그것만으로 경제적 자유를 이루기에는 부족하다. 투자는 한 번 하고 끝나는 것이 아니라 지속하는 것이다. 그렇다면 장기적으로 어떤 계획을 가지고 자산을 늘려가면 좋을까?

"집은 파는 것이 아니다. 사서 모으는 것이다."라고 주장하는 사람들도 있다. '집은 어차피 장기적으로 보면 우상향하는데 왜 파느냐. 여력이 될 때마다 계속해서 사서 모으라'는 것이다. 오래 보유하다 보면 큰 시세차익이 날 수도 있고, 보유한 집의 전세가가 올라서 올려 받은 전세금으로 다른 투자를 할 수도 있다는 주장이다.

하지만 이 전략은 무턱대고 구사하기에는 무리가 있다. 무작정 집을 사두고 "상승하든 하락하든 어쨌거나 20년 동안 보유하다 보면 장기적으로 우상향하겠지."라고 하는 것은 현명한 투자가 아니다. "서울 주요입지의 부동산은 팔지 않고 장기 보유하겠다."처럼 선별적으로만 장기보유하는 것을 추천한다. 특히 지방은 상승·하락 사이클이 보통 3년에서 길어야 4~5년으로 짧다. 따라서 장기 보유하다가는 상승했다가 도로 하락하기도 하므로, 무작정 길게 보유하려 하지 말고 기대했던 수익이 나면 매도하는 것이 현명하다.

나는 기대했던 시세차익이 나면 팔고 다른 곳에 투자한다. 지금 보유한 부동산이 시간이 지나면 더 오를 것이 눈에 보이더라도, 그것을 팔고 다른 곳에 투자했을 때 기대수익이 더 높다면 갈아탄다. 이런 식으로 갈아타면 자산 증가하는 속도가 빨라진다.

대치동키즈 님의 저서 《내 집 없는 부자는 없다》에 보면 장기보유와 단기보유를 섞어서 투자하는 방법이 나온다. 장기보유, 단기보유(시세차익이 나면 정리하고 갈아타기), 월세 받기 등으로 구분하는 방법인데, 자산 규모가 커지면 매우 유용한 전략이다.

투자방법은 여러 가지다. 그러니 실력 있는 누군가가 주장하는 특정의견을 무조건 따를 필요는 없다. 어떤 방식이든 자신의 상황과 성향에 맞는 것을 선택하면 된다. 계획을 세웠다고 계획대로 착착 되는 것도 아니다. 시장 상황은 늘 변화한다. 상승장이 길어질수록 규제가 많이 나오고, 정책이 바뀌면서 계획했던 것들이 다 무산되기도 한다. 그러므로 유연하게 시장상황을 지켜보며 그때그때 대응하고 수정하는 것이 현명하다.

3장

핵심만 추린
부동산 코어지식

아파트는
결국 우상향한다

자본주의 체계에서는 물가가 장기적으로 오를 수밖에 없다. 만약 물가가 내려간다면 어떻게 될까? 기업에서 상품을 만들어서 팔아야 하는데 시간이 지날수록 가격이 내려간다면? 그럼 모든 사람이 제품 구매를 나중으로 미루려 할 것이다. 그렇게 되면 시장경제가 돌아가지 않는다.

이미 우리는 물가가 오르는 것에 익숙하다. 짜장면, 새우깡처럼 우리가 일상생활에서 자주 접하는 것들도 10년, 20년을 돌아보면 훌쩍 올라있다. 자동차값은? 월급은? 자동차값이 시간만 지나면 반토막이 날 거라고 생각하는 사람이 있는가? 10년째 월급이 동결될 것으로 예상하는 사람이 있는가?

부동산 가격도 마찬가지다. 이 책은 아파트 시세차익을 주로 다루는 책이므로 아파트를 예로 들어 이야기하겠다. 아파트 가격은 10년, 20년, 30년 장기적으로 보면 오를 수밖에 없다. 물가는 오르게 되어 있기 때문이다. 20년이 지났는데 물건의 가격이 내려가는 일은 없다, 가치를 아예 상실한 재화라면 모를까. 아파트는 낡아도 땅은 남기 때문에 시간이 지나도 아파트의 가치가 0이 되지 않는다.

아파트를 새로 지어 공급하는 비용을 생각해보자. 아파트를 짓는 땅의 시세는 어떻게 될까? 지가(땅값)는 앞으로도 오를 것이다. 아파트를 짓는 데 필요한 자재들, 운반비, 인건비는 어떨까? 본질적으로 우상향하는 재화이므로 역시 오를 것이다.

단, 아파트는 실제 사용가치, 즉 거주의 가치만으로 가격이 형성되어 있지 않다. 자산의 측면이 섞여 있다. 그렇기 때문에 가격에 지나치게 거품이 끼기도 하고, 가격이 빠지기도 한다.

이런 속성 때문에 "지금 가격이 거품인 것 아닐까?", "내가 꼭지에 사는 것은 아닐까?" 하는 두려움을 많이 갖지만, 아파트는 본질적으로 실거주를 하는 재화의 속성을 갖고 있기 때문에 장기적으로는 우상향한다.

"집은 사람이 살아야 하는 곳인데 투자해서 돈 벌려고 하는 사람들은 나쁘다. 투기하는 짓은 나쁘다."라는 사람들은 집이 가진 실거주 가치만을 위주로 보고 자산으로서의 속성은 외면하는 셈이다.

"투기꾼이 몰린 탓에 집값이 많이 오른 것이다. 집값에 거품이 많기 때문에 곧 폭락할 것이고 반토막이 날 것이다."라고 주장하는 사람들은 자산의 측면을 과장되게 인지하고 실사용 가치를 가진 재화라는 속성은 무시하는 셈이다.

아파트는 기본적으로 실사용 가치를 가진 재화이며, 그 위에 자산의 속성을 지니고 있다. "집값이 떨어졌으면 좋겠다. 사람들이 투자를 안 했으면 좋겠다."라는 개인적인 소망은 배제한 채 현상을 바로 보자. 집값이 인플레이션을 등에 업고 장기적으로 우상향하는 것은 지난 몇십 년에 걸쳐 일어난 일이고 지금도 진행 중이다.

전국 종합주택 매매가격지수

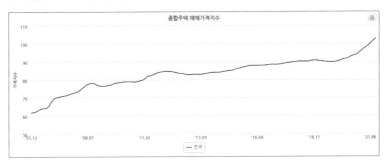

(출처: 한국부동산원)

실제로 아파트 매매가격지수를 살펴보면 장기적으로 우상향하는 모습을 볼 수 있다. 자산의 속성을 지녔기에 거품이 낄 수는 있다. 하지만 오랜 시간을 두고 볼 때 오르는 속성을 가지고 있음은 분명하다.

집값에는 상승·하락의 사이클이 있다

우상향하는 중에도 사이클이 있다

집값이 장기적으로 보면 우상향하는 것은 맞지만 꾸준히 계속 오르기만 하는 것은 아니다. 사이클이 있어서 올라갔다 내려갔다 하면서 오른다. 본질적으로 물가상승만큼 자산상승도 완만하게 일어나야 맞

서울 종합주택 매매가격지수

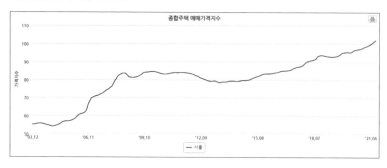

(출처: 한국부동산원)

는다. 하지만, '모종의 이유'로 하락하다가 상승할 때는 그동안 하지 못한 상승을 단숨에 몰아서 한다.

주택 가격에는 상승과 하락의 사이클이 있다. 길게 보면 우상향하지만, 내가 사서 팔기까지 그사이에 하락할 수도 있다. 게다가 부동산은 움직임이 무겁기 때문에 상승과 하락의 추세가 길게 이어진다. 한번 하락하기 시작하면 짧게는 2~3년, 길면 5~6년 동안 하락할 수도 있다. 바로 이 점이 두려운 부분이다. 내가 샀는데 그때가 꼭지면 어쩌란 말인가? 하지만 반대로 상승과 하락 사이클을 분별할 수만 있다면 두려움 없이 스마트하게 부동산 투자를 할 수 있다.

수요와 공급의 원리

도대체 왜 부동산에는 오르고 내리는 사이클이 존재할까? 왜 빼빼로와 짜장면, 인건비처럼 꾸준하게 우상향하지 않을까? 정답은 수요와 공급에서 찾을 수 있다.

2020년 코로나19가 대유행하기 시작했을 때 초기에는 마스크가 턱없이 부족했다. 미세먼지나 호흡기 질환 예방 목적의 수요만 있었기에 마스크 생산량이 적었다. 그런데 전 국민이 매일 착용해야 하는 상황이 벌어지니 그야말로 마스크 대란 사태가 일어났다. 온라인으로 마스크를 주문하려면 죄다 품절사태에, 마스크 사려고 약국 앞에 길게 줄 서 있는 사람들에, 정가보다 훨씬 비싸더라도 서로 사려고 난리였다.

이후 시간이 지나면서 생산량이 늘어나자 마스크는 흔해졌다. 이제는 저렴한 가격에 마스크를 쉽게 살 수 있다. 아파트도 똑같다. 아파트가 귀해야(부족해야) 잘 팔리고 가격이 오른다. 반대로 아파트가 흔하면(충분하면) 인기가 식고 가격이 오르기 힘들다.

아파트를 분양하는 사람을 기준으로 생각해보자. 분양은 사업이니까 당연히 아파트를 분양했을 때 잘 팔려야 한다. 시장 분위기가 좋고 잘 팔릴 때는 우르르 분양하고, 아파트값이 내려가고 사람들이 집을 안 사는 분위기라면 분양을 꺼린다. 분양 후 입주까지 보통 2~3년이 걸리는데, 분양을 안 하면 2~3년 뒤에는 자연스레 새로 지어지는 아파트가 줄어든다. 즉, 집이 점차 부족해진다. 그러면 슬금슬금 집이 귀해지면서 가격이 오른다(기본적으로 매년 발생하는 신규주택 수요량이 있다. 분가나 결혼 등 총 세대수의 증가, 재건축·재개발 등으로 멸실되거나 노후하여 빈집이 되는 등 새집은 매년 계속해서 필요하다).

반대로 아파트값이 상승할 때는 사람들이 앞다투어 아파트를 사려 하므로 분양하는 족족 잘 팔린다. 이런 때는 건설사들이 우르르 분양을 시작한다. 이렇게 분양된 아파트들이 몇 년 후 다 지어져 입주가 시작되면 집이 넘쳐나서 더 이상 아파트가 귀하지 않다. 그러면 점차 침체기에 접어든다.

부동산 시장의 상승·하락 사이클의 이면에는 기본적으로 이러한 수요공급의 원리가 깔려있다. 사람들의 심리(오르면, 귀해지면 더 갖고 싶어 하는)와 건설사의 이익(분양 실적)이 맞물려서 상승·하락 폭이 더 커지기도 한다.

서울은 왜 아직도 상승 중인가?

집값이 상승하면 건설사들이 너도나도 분양해서 과잉공급으로 집값
이 하락한다는데, 왜 서울에는 하락 사이클이 오지 않을까? 왜 이렇
게 상승 사이클이 길까? 이에 대한 답도 역시 수요와 공급에서 찾아
야 한다. 정답은 공급이 부족하기 때문이다. 통상적인 상황이라면 부
동산 시장이 뜨거워서 분양이 잘되고 완판행렬일 때 분양을 많이 해
서 시장에 아파트가 넘쳐나야 이번 상승장이 끝난다. 그런데 계속해
서 공급이 부족한 상황이다.

  이전 수도권 대세 상승장은 2기 신도시가 입주를 시작하면서 끝나
고 하락기로 접어들었다. 흔히 2008년 리먼브러더스의 파산, 금융위
기로 집값이 하락했다고 이야기하지만 실제로는 낮은 전세가, 2기 신
도시 입주물량, 미분양 수치가 하락의 주원인으로 해석된다. 이때 지

서울 · 부산 종합주택 매매가격지수

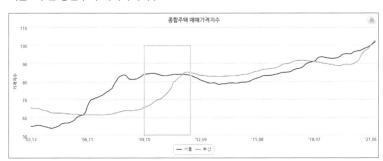

2009년 이후 서울은 하락을 시작했지만 부산은 시세가 급등했다.　　　　(출처: 한국부동산원)

방은 오히려 대세상승을 시작했는데, 금융위기가 원인이었다면 지방 상승 현상은 해석되지 않는다.

서울 · 경기 지역 아파트 미분양 추이

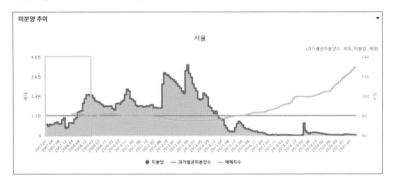

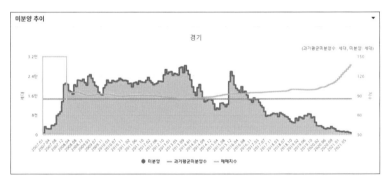

(출처: 알리알리)

위 그래프를 보면 서울·경기의 미분양이 2007년도부터 늘어나는 모습을 볼 수 있다.

유명한 버블세븐 지역, 그중에서도 용인과 분당이 버블의 정점이었다가 크게 하락한 지역으로 유명한데, 유독 이 지역만 이렇게 많이 하락한 이유는 무엇일까? 당시 분당을 기준으로 판교, 위례, 광교, 동탄1신도시, 동탄2신도시 등 돌아가면서 공급이 얼마나 많았는지를 생각해보자. 이들 지역에는 그야말로 아파트가 넘쳐났다. 여기서 알수 있듯 공급 앞에 장사 없다. 더 정확히는 무수한 공급물량으로 미분양이 터지기 시작하면 가격은 맥을 못 춘다.

예전 일을 생각하며 "분당이 올랐으니 이번 장은 지금이 꼭지다!"라고 주장하는 사람들이 보인다. 분당의 집값이 정점이었다가 하락한 이유를 이해한다면 이 주장이 말이 되는지 안 되는지를 판단할 수있다. 현재는 분당 주위에 신규공급이 딱히 없다. 앞으로도 2기 신도시가 들어올 때만큼 공급이 많기는 어려울 것이다. 그럴 땅이 없기 때문이다.

예전에는 1기 신도시, 2기 신도시를 만들면서 도시를 확장하고, 교통망을 확충해서 신도시와 서울 도심과의 연결성을 높이려는 계획이 위주였다. 하지만 이제는 서울, 수도권 구도심에 오래전에 지었던 주택들의 노후화가 심각한 문제로 떠올랐다. 구도심에 노후된 주택이 모여 있으면 그 지역은 슬럼화가 된다. 구도심에 오래된 집들을 놔두고 계속해서 바깥으로 신도시만 건설하는 것은 너무 비효율적이다. 더욱이 출생인구가 줄어드는 와중에 도시만 무턱대고 확장할 수도 없다.

당신이 도시를 계획한다면 어떻게 하겠는가? 노후하고 슬럼화된 지역을 대규모로 정비하고 신축 주거시설을 근사하게 올리고, 기존의 신도시와 교통망을 확충해서 잘 연결하는 것이 가장 효율적이지 않겠는가? 구도심은 오래되었지만 여전히 입지가 좋으니 그곳을 충분히 활용해야 하지 않을까?

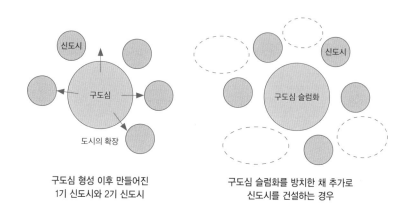

구도심 형성 이후 만들어진
1기 신도시와 2기 신도시

구도심 슬럼화를 방치한 채 추가로
신도시를 건설하는 경우

사정이 이렇다 보니, 이전 박근혜 정부에서는 수도권 외곽에 택지를 대규모로 조성해서 신도시를 만들기보다는 구도심을 정비해서 공급하려는 계획을 세웠다. 문제는 외곽에 택지를 조성해서 아파트를 대규모로 공급하는 것은 그나마 쉬운데, 사람들이 살고 있는 낙후된 지역을 새로 개발하려면 상대적으로 훨씬 오래 걸리고 힘이 든다는 것이다. 이 방식은 재개발·재건축인데, 재개발이나 재건축이 오래 걸린다는 이야기는 많이 들어봤을 것이다. 사람들의 이해관계가 복잡하게 얽혀있다 보니 조율하고 진행하는 것이 쉽지 않다.

게다가 구도심을 정비해서 공급하는 계획이 성사되려면 집값이 오르는 상황이어야 가능하다. 재개발·재건축도 사업성이 좋아져야 돈이 되고 진행속도가 빨라진다. 재개발·재건축의 사업성은 나중에 새 아파트가 되었을 때 기대되는 시세가 높을수록 좋아진다. 당연히 주변 집값이 오르는 상황, 즉 상승기일 때 사업성이 높아지는 것이다. 상식적으로, 부수고 새로 지어놨을 때 기대되는 매매가가 높아야 이 수고로운 일을 할 것이 아니겠는가.

그런데 '정치적 신념'과 (낡은 구도심을 재생해야만 공급이 나오는) '현재의 주택상황'이 충돌해 버렸다. 이번 문재인 정부는 정치적으로 가난한 사람들을 위하는 것을 표방하기 때문에 낡은 아파트를 재건축해서 그것으로 이익을 보는 것을 싫어한다. 특히 강남의 낡은 아파트가 새 아파트로 으리으리하게 재탄생하여 엄청나게 비싼 아파트가되고, 그 아파트를 보면서 위화감을 느끼는 사람들이 많아지는 것을싫어한다. 그러니 당연히 재건축·재개발을 열심히 규제했는데, 그렇다고 해서 당장 신도시 택지를 지정했느냐 하면 그렇게 하지도 않았다. 2기 신도시와의 교통망이 잘 확충되고 있느냐 하면 잘 모르겠다. 언제쯤 서울로 오가는 교통이 좋아질는지.

이렇듯 공급을 틀어막으니 아직 상승 사이클이 끝나지 않는 것이다. 서울 아파트가 "이미 많이 올랐다. 너무 비싸다." 이런 말이 많다. 하지만 이번 상승장이 시작되기 전에도 늘 그랬다. 10년 전에도 강남 아파트는 비쌌고(지금에 비하면 쌌지만, 그때도 우리 눈에는 비싸 보였다), 3년 전에도 비쌌고, 지금도 비싸다. 부동산은 절대가격 자체를 두고 비싸니 싸니를 논할 수 없다. 얼마까지 오를 수 있는지를 예측할 수도 없다. 앞으로 부동산 시장의 추세가 상승의 방향이냐, 하락의 방향이냐를 조심스럽게 추측할 수 있을 뿐이다.

정부에서는 다주택자가 집값 올린 주범이라고 하는데 정말일까? 만약 다주택자가 집을 100채 가지고 있다고 가정해보자. 혼자서 100채의 집에 모두 거주하고 세입자를 안 받는다면 주택을 독점했으니 그럴 수 있다. 하지만 1채는 본인이 거주하고 나머지 99채에는 세입자가 살고 있다면 다주택자가 주택을 부족하게 만든 것은 아니다. 즉, 총수요에 비해 공급량이 부족한 것이 문제지 다주택자가 집값을 올린다고 보긴 어렵다.

사이클에 따라 운명을
함께하는 지역이 있다

지역마다 사이클이 다르다

아파트값이 상승하고 하락하는 사이클이 있는데, 이 사이클은 전국이 똑같지 않고 지역마다 다르다. 2018년 서울 아파트가 한참 상승할 때 울산, 창원, 부산의 아파트는 하락 중이었다. 반면에 같은 경상권인 대구는 상승했다. 2009년 서울 아파트가 하락을 시작하며 침체기에 들었던 반면, 부산 등 대부분의 지방 아파트는 가격이 두 배씩 올랐다. 나는 부동산 공부를 시작하고 깜짝 놀랐다. '뉴스나 신문기사는 정말 서울 위주로 이야기하는구나. 부산 아파트값이 두 배가 되어도 전혀 몰랐다니.'

수도권 상승장이 길어지다 보니 현재도 마치 전국이 다 올라버린 듯한 착각에 빠지기 쉽지만, 서울과 수도권만 오랜 기간 올랐고 지방은 오랜 하락기를 거친 뒤 2020년에야 상승을 시작한 곳이 대부분이다. 목포와 거제는 이제야 상급지 위주로 상승을 시작하고 있다.

목포 종합주택 매매가격지수

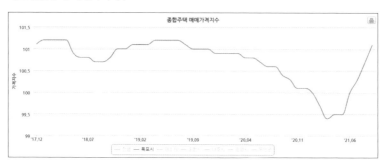

목포는 최근까지 하락하다가 2021년 5월 이후로 상승 전환했다.　　　　　　(출처: 한국부동산원)

사이클이 비슷한 지역이 있다

상승과 하락 사이클의 운명을 함께하는 지역들이 있다. 앞서 지역마다 부동산 상승·하락 사이클이 다르다고 설명했는데, 그 사이클이 비슷한 지역이 있다. 서울·경기·인천은 사이클이 비슷하다. 하지만 서울과 대구, 부산은 다르다.

이렇게 사이클이 비슷한 지역들로 묶는 기준은 출퇴근을 할 수 있는지 여부다. 서울에 직장이 있는 사람이 대구에 살지는 않는다. 서울에 직장이 있으니 서울로 출퇴근이 가능한 지역에 살아야 한다. 집값이 올라도 어쩔 수 없다. 매매가가 올라도 어쩔 수 없고, 전세가가 올라도 별수 없이 이곳에 살아야만 한다. 도저히 감당이 안 되면 지금 사는 곳보다 출퇴근하기 더 먼 곳으로 이사 가야 할 수도 있다.

그렇다고 서울로 출퇴근하는 사람이 대구로 이사 갈 수는 없는 노릇이다. 서울과 대구의 부동산 흐름은 아무 상관이 없다. 그러나 수원에 살면서 서울로 출퇴근하는 경우는 많으므로 서울과 수원의 부동산 흐름은 매우 밀접하다. 이렇듯 수도권은 서울과 흐름을 함께한다.

그렇다면 대전, 세종, 청주의 시세는 연관이 있을까? 출퇴근이 가능한 권역이라면 영향이 있다. 세종시가 생기면서 대규모 아파트 단지가 입주를 시작했다. 당연히 수요·공급의 법칙에 따라 전세가가 낮아졌고 낮은 전세를 찾아 인근의 대전, 청주에서도 이사 와서 살았다. 자연히 대전, 청주의 전세가도 낮아졌고 매매가도 오르지 못했다.

그러다가 세종이 점차 도시의 모양을 갖추어가며 시세가 오르고 입주가 마무리되면서 세종 아파트의 매매가가 많이 올랐다. 그러자 대전, 청주도 따라서 올랐다. 세종시의 입주물량 때문에 주변 도시까지 같이 가격이 눌려 있다가 세종시의 전세가와 매매가가 올라가면서 주변 도시도 차차 가격이 오른 것이다. 입주물량이 적은 대전이 2018년도부터 먼저 오르고, 입주물량이 지속적으로 있었던 청주는 2020년도부터 올랐다.

도시가 클수록 상승 폭과 기간이 늘어난다

부산 대장아파트에 살고 싶어 하는 사람이 많겠는가, 청주 대장아파트에 살고 싶어 하는 사람이 많겠는가? 당연히 큰 도시일수록, 인구가 많을수록 좋은 곳에 살고 싶어 하는 사람들이 많다. 이는 곧 돈을 더 주더라도 좋은 곳에 살고 싶은 수요가 큰 도시에 더 많다는 뜻이다. 그러니 큰 도시일수록 상승장에서 오르는 폭이 크다.

서울은 서울에 사는 사람뿐 아니라 수도권 전역에 걸쳐서 살고 싶어 하는 수요가 있으니 말할 것도 없다. 지방에 사는 사람도 서울의 좋은 아파트를 소유하고 싶어 한다. 게다가 요즘은 해외투자 수요도 있다.

도시의 크기가 클수록 상승 기간도 길다. 대도시는 큰 솥에, 소도시는 작은 냄비에 비유할 수 있겠다. 큰 도시는 분위기가 달아오르는 데에 시간이 많이 걸리며, 하락추세에서 바닥을 다지고 상승추세로 전환하는 시간도 상당히 걸린다. 이번 서울 상승장에서 서울의 수요 대비 공급이 부족했던 시기는 2012년부터 시작되었고, 반등도 2013년부터 슬슬 시작되었다. 하지만 많은 사람들이 눈치챌 정도로 상승의 분위기가 올라온 시기는 2016년 이후였고 본격적으로 상승이 시작된 것은 2017년과 2018년 이후부터였다.

상승·하락의 중요한 지표는
미분양 수치

수요는 심리의 영향을 받는다

수요와 공급이 상승·하락의 중요한 요소라면, 공급이 적정 수요보다 많은지 적은지는 어떻게 판가름할 수 있을까?

공급, 즉 올해 입주하는 주택의 수는 이미 정해져 있다. 입주예정 아파트 단지를 체크해보면 금방 파악할 수 있다. 그러면 수요는 어떨까? 수요는 심리가 상당히 좌우한다. 물론 매년 일정한 수요는 늘 있다. 하지만 심리가 영향을 미친다. 분위기가 침체되어 있을 때는 매수심리가 위축되고, 부동산 시장이 활황일 때는 매수심리가 높아진다.

미분양은 수요·공급 줄다리기의 결과

수요가 심리에 미치는 영향이 크다면 수요 대비 공급이 부족한지 아닌지는 어떻게 판가름할 수 있을까? 심리는 너무나도 유동적인데 말이다.

그래서 보는 지표가 미분양 수치다. 미분양 수치는 새로 분양한 아파트가 분양되지 않고 남아있는 것이다. 미분양이 늘어나면 수요에 비해 공급이 많은 것으로 본다. 반대로 미분양이 줄어들면 수요가 살아나 재고물량을 소화하고 있다고 본다.

여러분이 장사를 한다고 생각해보자. 새 상품도 팔리지 않는데 오래된 물건(재고)이 팔리겠는가. 새로 분양한 아파트는 새 상품이다. 분양을 하는데 미분양이 전혀 나지 않고 청약경쟁률이 높다면 부동산 시장의 분위기가 좋고 심리가 살아있다는 것을 의미한다. 실제로 부동산 시장이 활황기일 때는 입지가 너무 안 좋은 경우가 아니면 거의 미분양이 나지 않는다. 분위기가 너무 좋으면 이런 아파트마저도 완판되고 피가 붙기도 한다.

부동산 시장 분위기가 좋으면 건설사들이 열심히 분양한다고 앞에서 설명한 바 있다. 그렇게 분양을 많이 하다 보면 분위기가 뜨겁게 달아오르다가 어느 순간부터 너무 과해지는 시점, 점차 식는 시점이 온다. 그 시점이 드러나는 것이 바로 미분양이다. 인기 없는 외곽지역의 아파트부터 미분양이 나고 청약경쟁률이 떨어지기 시작한다. 바로 그때가 경계해야 할 시기이다.

미분양은 위험신호다

물론 그때부터 바로 하락하지는 않는다. 미분양이 나기 시작한 뒤로도 아파트 전체 매매가는 상승한다. 부동산 시장은 무거워서 방향이 곧바로 바뀌지 않기 때문이다. 단지 일부분에서부터 위험신호가 나타나니, 이 신호를 알아챌 수 있다면 부동산 투자를 상당히 안정적으로 할 수 있을 것이다.

최근 금리인상을 우려하는 사람들이 많은데, 금리가 오르더라도 어느 정도까지는 시장에서 충분히 감당하면서 매매가가 계속 상승한다. 그러다가 더 이상 상승하지 못하는 임계점이 오고 이 또한 미분양과 청약경쟁률 수치에서 드러난다. 시장의 부담이 미분양에서 드러나는 것이다. 미분양은 새 상품이 안 팔리는 것이니까 말이다!

향후 입주물량만으로 집값의 향방을 예측하기는 애매한 측면이 있다. 대거 입주하는데도 집값이 오르는 경우가 많기 때문이다. 부산광역시, 청주시에서도 입주물량이 충분했음에도 시세가 상승했다. 동탄2신도시, 세종, 송도 신도시 등에서도 입주가 계속 이어졌는데 집값은 오히려 올랐다. 입주물량이 많으면 전세가는 눌리지만 매매가는 시장의 수요가 어느 정도냐에 따라 달라진다. 입주가 많더라도 해당 지역에 미분양이 적고 청약경쟁률이 높다면 매매가는 상승할 가능성이 높다.

상승하는 도중에도 침체기가 있다

숨을 고르는 기간이 있다

아파트값은 계단식으로 상승한다. 추세적으로 상승하는 기간 내에도 일시적 조정기, 침체기가 있다. 순식간에 매매가가 몇천씩 혹은 억대로 오르는 등 분위기가 뜨겁다가도 어느 정도 오르고 나면 분위기가 반전되어 매수세가 끊기고 거래도 없고 급매도 나오면서 가격이 조정되는 기간이 생긴다. 이제부터 하락하는 것 아닌가 싶게 분위기가 한동안 침체되기도 한다.

이런 기간을 조정기간이라고 하는데, 상승장에서 사람들이 갑작스럽게 오른 가격에 적응하는 기간으로 보면 된다. 어느 정도 선까지는 사람들이 급격하게 오르는 분위기에 편승해서 돈을 더 주고서라도 매수하지만, 그 선을 넘어서는 가격에 이르면 숨을 고르는 기간이 생긴다. 이것이 하락으로 전환하는 신호인지, 일시적인 침체기인지 구분할 줄 알아야 마음이 평온할 것이다. 이런 구분은 지금 현재 분위기만 봐서는 알 수 없고, 시장 가격을 형성하는 근본 원인을 찾아서 분석해 봐야 알 수 있다.

아파트값 상승은 보합하다가 다시 상승하기를 반복하면서 계단식으로 일어난다.

하락신호인지 상승장의 조정기인지를 판단할 때 가장 중요하게 봐야 할 것은 역시 앞에서 설명한 미분양과 청약경쟁률이다. 입지가 좋은 곳임에도 청약경쟁률이 낮다거나, 입지가 안 좋은 곳인데 미분양이 발생한다면 경계를 시작해야 한다. 게다가 앞으로 예정된 입주물량까지 많다면 하락할 가능성이 높다.

하락과 보합 구분하기

아파트 매매가가 상승을 거듭하다가 어느 순간 분위기가 싸늘하게 식었다. 거래가 끊기고 급매가 나오기 시작한다. 하락론이 득세한다. 이런 분위기라 하더라도 미분양이 역대 최저인 상황이라면 어떨까?

미분양이 계속 감소하는 중이라면? 조금이라도 입지가 좋은 아파트의 경우 청약경쟁률이 엄청나게 높다면? 이때는 하락신호가 아닌 보합기(가격 조정기)로 해석한다.

물론 불안할 것이다. 이미 많이 올랐는데 이제 꼭지인 것은 아닐까? 정부에서 대출을 규제하니 이제는 떨어지지 않을까? 게다가 이럴 때일수록 하락론자들이 기승을 부린다. 언론에서도 하락 기사를 쏟아낸다. '매수세 줄어들고 거래 정지', '집값 하락' 등의 기사가 하루에도 수십 번 나온다. 하지만 미분양이 역대 최저이고 청약경쟁률이 높다면 흔들릴 필요가 없다.

집값은
비율로 오른다

비싼 게 많이 오른다

집값이 오르는 것을 금액보다는 비율을 기반으로 인지하면 더 좋다.
예를 들어서 5억원짜리 아파트가 1억원 올랐다면 "1억원이 올랐네."
라고 하기보다는 "20프로가 올랐군."이라고 하는 것이 더 부동산 시
장을 이해하기에 좋다는 이야기다.

금액을 기반으로 이해하면 오류가 생긴다. 10억원 하던 A 아파트
가 1억원이 오르고, 5억원 하던 B 아파트가 8,000만원이 올랐다고 가
정해보자. 'A 아파트가 1억원이나 올랐으니 앞으로는 B 아파트가 더
많이 오르겠네.'라고 생각한다면 틀린 생각이다. 'A 아파트는 10% 올
랐고, B 아파트는 16% 올랐으니, A 아파트가 아직 덜 올랐네.'로 생
각해야 한다.

나는 돈을 물이라고 생각하고 자산시장을 이해한다. 물이 자산시장에 흘러 들어가면 물이 차오르는 속도는 다를 수 있지만, 결국 골고루 차오른다. 이번 서울 상승장에서 강남이 유독 많이 오른 것처럼 보이는 것은 처음부터 매매가가 비쌌기 때문이다.

서울 아파트 상승률 비교

서울의 아파트를 무작위로 클릭해 시세를 비교해 보았다. 다음은 서울의 저점이었던 2013년도 초의 거래시세와 2021년 12월 기준 거래시세를 비교한 것이다.

아파트	위치	'13년 초 시세	'21년 12월 시세	상승률
반포힐스테이트	서초구 반포동	12억원	34억원	283%
도곡렉슬	강남구 도곡동	10.9억원	29억원(매물 33억원)	302%
도곡삼성래미안	강남구 도곡동	8.8억원	26억원(매물 없음)	295%
염리삼성래미안	마포구 염리동	4.6억원	15.5억원	336%
홍제원힐스테이트	서대문구 홍제동	3.8억원	11억원	289%
둔촌푸르지오	강동구 둔촌동	5.5억원	15억원	272%
중앙하이츠	강동구 천호동	3.5억원	11억원	314%
동탄역시범더샵 센트럴시티	화성시 청계동	3.5억원	16.5억원	471%

강남만 많이 오른 것 같지만 상승률로 따져보면 거의 비슷하게 300% 전후인 것을 알 수 있다. 물론 동탄2신도시처럼 교통호재, 입지의 변화가 많은 곳은 상승률이 특별히 더 높다. 하지만 기본적으로 한 지역에서 상승을 시작할 때 오르는 금액도 다르고 흐름이 오는 시

기도 다를 수 있지만, 상승률은 결국 비슷하게 흘러간다. 그래서 원래
비쌌던 아파트가 오르는 금액도 큰 것이다. 따라서 매매가가 큰 것을
사는 것이 상승장에서는 유리하다.

상승률 비교해서 투자처 고르기

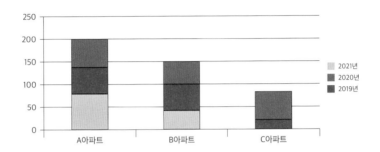

또한, 상승 흐름이 한창 진행 중일 때는 상승률을 비교하면서 투자
처를 고를 수 있다. 투자하려는 아파트가 저점 대비 몇 % 상승했는지
를 비교해보는 방법이다. 만약 A아파트는 200%, B아파트는 150%
가 올랐는데, C아파트는 아직 80%가 올랐다면 C아파트를 선택할 수
있다. 이때 입지는 A, B 아파트가 더 좋을 가능성이 높은 데다 C아파
트도 이미 오른 듯이 보인다. 가격과 입지만 두고 생각하면 C아파트
에 투자하는 것이 내키지 않는다. 하지만 앞으로 상승이 유망한 지역
인지, 상승률이 다른 아파트에 비해 낮은지, 다른 지역(도시)과 비교
해서 저평가되어 있는지를 분석해서 C아파트를 투자처로 선정할 수
있다.

그렇다면, 앞으로는? __ 📖

지방의 키 맞추기

똑똑한 한 채 위주로 상급지가 많이 올랐다. 상대적으로 상급지와 중급지, 하급지의 격차가 너무 벌어지다 보니, 이제는 아직까지 못 오른 아파트가 키 맞추기를 하고 있는 모습이다. 서울·경기권은 하급지까지 키 맞추기가 많이 진행된 상태이며 앞으로는 지방으로 그 흐름이 확대될 것으로 보고 있다(그러니 지방에 기회가 많다).

여전한 서울 수요

투자금 대비 수익률로는 지방투자가 유리하지만, 여전히 서울 상급지를 소유하고 싶어 하는 사람들은 많다. 하지만 워낙 고가이고 15억원 이상 주택은 대출도 안 나오는 실정이라 쉽사리 사기 어렵다. 상급지로 갈아타고 싶은 사람들이 많지만, 10억원짜리 집에 살고 있는데 18억원짜리 상급지로 갈아타기를 하려고 해도 대출이 나오지 않는다. 그러다 보니 고가주택의 경우 매매전세 갭으로 사두는 경우가 많다.

실거주 수요 또한 여전하다. 최근까지도 경기도 외곽까지 키 맞추기가 진행되고 있는데, 앞으로도 실거주를 원하는 수도권 거주자들의 내 집 마련 분위기는 지속될 것으로 보인다.

재건축·재개발 키워드

우리나라에는 노후된 아파트가 많다. 그렇다 보니 자연스레 신축 아파트 인기가 높다. 하지만 이미 상승을 시작한 지역의 신축, 분양권, 상급지 아파트는 가격이 너무 많이 올라서 부담스럽다. 따라서 낙후되어 지금은 살기에 안 좋지만 앞으로 신축이 될 재건축·재개발 종목이 유망하다.

틈새 투자처 활황

주택에 대한 규제가 강화되다 보니 주택 외의 다른 종목에 대한 투자가 틈새로 활황이다. 아무리 유동성을 축소한다 하더라도 이미 시장에 풀려있는 자금이 많고, 그 돈들이 규제를 피해 움직일 수밖에 없는 상황이다. 아파트처럼 상품성을 높여서 분양하는 아파텔(아파트처럼 방이 2~3개 있는 오피스텔)의 인기가 높다. 지식산업센터, 꼬마빌딩 등도 투자수요가 몰려서 분위기가 뜨겁다.

부동산 리스크의
진실

경기

사람들은 경기가 안 좋아지면 집값이 내릴 거라고 걱정한다. 생각해 보자. 경기와 집값은 비례관계일까? 이번 상승장에서 서울이 엄청나 게 올랐는데 과연 그렇게 집값이 오를 정도로 경기가 좋았는가? 오히 려 힘들다는 이야기가 더 많았다. 대구 수성구는 2020년 한 해 동안 엄청나게 상승하며 34평 국평이 17억원을 기록했는데, 대구 경기가 2020년에 그렇게 좋았던가? 울산과 창원은 또 어떤가. 집값이 몇 년 간 하락했는데 제조업 경기가 안 좋아서 하락했다면, 최근에는 왜 그 렇게 상승했는가? 그 정도로 제조업 경기가 회복되었기 때문일까?

물론 울산이나 거제 같은 도시는 해당 산업의 영향을 많이 받으니 이런 특수성이 있는 도시는 연관성 있게 살펴보아야 한다. 지역 산업 경기가 나빠지면서 취업이 안 되고 대량해고가 발생하면 주택가격도 영향을 받을 수밖에 없다. 하지만 경기'만'을 부각해서 생각하면 오류에 빠진다. 해당 지역 사람들이 살아야 할 집 자체가 부족해지고 앞으로 입주물량이 없으며, 다른 지역에 비해 가격이 충분히 저렴한 경우라면 집값이 상승할 가능성은 높아진다.

호재

호재가 있어야 집값이 오른다고 착각하기도 한다. 최근 집값이 급등한 경기도 동두천에 무슨 호재가 있는가? 울산 남구에는 또 무슨 호재가 있는가? 서울과 수도권이 엄청나게 올랐는데 호재가 있는 곳'만' 오르고 호재가 없는 곳은 하락했나? 아니다, 그냥 다 올랐다.

호재를 기준점으로 삼는 것이나 경기를 기준점으로 삼는 것에는 오류가 너무나 많다. 단, 지역의 부동산 사이클이 상승 추세일 때 호재가 있으면 상승이 더 힘을 받는다. 예를 들어, 청주는 오랜 침체를 겪고 이제 막 오르기 시작하던 차에 '방사광가속기' 호재가 발표되면서 급등했다. 하지만 어떤 지역의 사이클이 하락 추세일 때는 호재가 있어도 시장이 강하게 반응하지 않는다. 별 반응이 없거나 살짝 오르는 정도에 그친다. 상승 추세일 때 호재가 더 힘을 실어주는 것이다.

동탄2신도시가 GTX 호재로 많이 올랐다고들 한다. 만약 동탄2신도시가 GTX 호재 때문에 올랐다면 2012년에는 왜 미분양이 났는가? 그때는 호재가 없었다가 몇 년 뒤에 호재가 생긴 걸까? 호재는 같지만 2012년은 수도권 부동산 시장이 침체기에서 채 벗어나지 못하던 시점이었고, 이후로는 수도권이 대세상승기에 접어들었다. 대세상승기에 신도시가 완성되면서 호재까지 겹치니 상승의 힘이 더 컸던 것이다.

호재라고 다 같은 호재가 아니다. 교통과 일자리가 가장 강력한 호재다. 서울 강남으로 빠르게 갈 수 있는 교통 호재가 있다면? 판교의 테크노밸리 같은 일자리 호재가 있다면? 둘 다 강력한 호재에 해당한다. 반면에 지하철이 생기기는 하는데 중심지를 지나지 않는다면 큰 효과가 없다. '○○대학 부속병원이 들어온다, ○○대학교 분원이 들어온다'는 호재로 보기 어렵다. 트램 호재는 트램이 언제 생길지 기약이 없기 때문에 큰 기대는 하지 않는 게 좋다.

규제

규제하면 집값이 잡힐까? 결론을 말하자면 규제는 상승 · 하락의 추세를 바꾸기엔 역부족이다. 규제는 상승 · 하락 방향을 바꾸기보다는 기껏해야 속도와 폭을 조절할 수 있을 뿐이다. 이제는 부동산 규제를 여러 번 겪었기에 경험적으로 느낄 것이다. 규제가 나오면 몇 달간은 분위기가 식는다. 이후는 언제 그랬느냐는 듯이 도로 오른다. 시장 내부의 근본적인 문제가 해결되지 않는 한 시장의 상승 · 하락 추세를 바꿀 수는 없다. 몇 달간 상승을 멈추게 한다거나(대출 규제 등으로) 유동성을 줄여서 많이 오르지 못하게 최대한 제어하는 정도의 역할밖에는 못 한다.

대출

대출을 규제하면 사람들이 매수를 못 할 텐데 그래도 집값이 오를까?

예전에는 대출이 70%까지 나왔는데 이제는 40%밖에 안 나오고(조정지역의 경우) 15억원 이상 주택은 대출이 아예 나오지 않는다. 대출도 안 나오는 고가의 집을 살 사람이 있기는 할까?

물론 대출을 규제하면 처음에는 한동안 집값이 오르지 못하고 횡보하는 시기가 생긴다. 15억원 이상 고가 아파트에 대출규제가 시행되자, 처음에는 15억원을 넘지 않는 주택 위주로 거래되며 상승했다. 하지만 시간이 지나면서 15억원 이하 주택 가격이 상승하며 그 위의 가격을 밀어올려서 다시 올랐다.

"생각보다 돈 많은 사람은 많다." 내가 부동산을 매수하면서 겁날 때 혼자 중얼거리는 말이다. 돈 많은 사람은 많다. 내 주변에만 없을 뿐이다. 차를 타고 지나다니면서 보는 수많은 건물들, 빌딩들, 고가 아파트들 모두 소유자가 있을 텐데 나는 그들 중 한 명도 아는 사람이 없다. 즉, 내 인지수준에서는 사람들이 대출 없으면 집을 못 살까봐 걱정되지만, 그렇지 않다.

시장의 근본원인(수요·공급)이 해결되지 않는 한 대출을 규제한다고 해서 집값이 안정되기는 힘들다. 지금 우리 모두가 겪고 경험하고 있는 현실이다. 결국 대출을 규제하면 집값이 하락하는 것이 아니라, 대출을 규제했기 때문에 그만큼 부동산 시장에 거품이 줄어든다. 금융위기가 생기면(갑작스러운 금리인상 등) 대출을 무리해서 받은 사람들 때문에 부동산 시장이 흔들린다는 이야기를 들어봤을 것이다. 하지만 지금은 대출 규제를 워낙 강하게 해놔서 대출을 무리하게 받을 수가 없으니 오히려 부동산 시장이 안전해지고 있다.

경제위기

세계경제위기가 와서 집값 버블이 한방에 꺼질 거라는 이야기가 2020년 초에 많이 돌았다. 실제로 코로나 19라는 위기가 찾아왔다. 그런데 위기에 대한 대처도 함께 따라왔다. 위기는 왔지만 유례없이 많은 통화량 공급과 저금리 정책으로 자산은 오히려 폭등했다. 이제는 미국을 위시해서 많은 나라가 서로 연결되어 있어서 우리나라만 나 홀로 독자적인 금융정책을 세울 수 없다. 지금 집값은 전 세계적으로 폭등 중이다.

금리

흔히 금리가 오르면 부동산이 하락할까봐 걱정하는데, 금리가 오른다고 무조건 부동산이 하락하는 것은 아니다. 금리가 오르면 어떤 상황에서는 부동산이 하락하지만 또 다른 상황에서는 금리와 특별히 연동되지 않는다. 지난 서울 대세상승기(2003~2006년)에 금리가 상승했음에도 집값은 오히려 급등했다. 왜일까?

금리가 올라서 집을 사기 부담되어 매수를 안 한다고 가정해보자. 매수를 안 하면 대신 전세로 살려는 사람들이 많아진다. 그런데 이때 부동산 시장에 공급이 부족하다면? 사람들이 집을 사지 않고 전세로 산다면 집은 부족한데 전세로 몰려드니 결국 전세가가 오른다. 그리고 전세가가 오르면 매매가도 상승하기 쉬워진다.

금리가 올라서 매매하기 부담스러운데 전세가가 올라서 매매가가 그 이하로 떨어지기도 어렵다. 이렇게 두 가지 상반된 요소가 함께 있을 때는 어떻게 될까? 공급이 부족한 상황이라도 시장이 충격을 받을 정도로 금리가 급격한 속도로 오르면(금리가 오르는 폭과 속도가 빠르면 시장은 충격을 받는다) 매매가가 영향을 받을 수 있다. 대표적인 예가 1997년 IMF 때다. 금융위기 등의 문제로 인해 금리가 상당히 빠른 속도로 크게 오르면 부동산 시장도 크게 출렁인다.

대신 이것은 사고에 가까운 상황이고 사고는 늘 수습되기 마련이라 "쾅!" 하고 충격을 받고 나서 시장이 다시 안정되면, 가격은 다시금 수요·공급의 원리에 따라 움직인다. 이런 사고가 날까봐 두려워서 집을 사지 않을 순 없다. 물론 금융대란이 다시 한번 일어날 수도 있다. 하지만 충격이 지나가고 나면 다시 원상으로 회복된다. 보통은 이런 금융위기로 인한 부동산 시장의 침체시기를 2~3년으로 본다. 말하자면 이런 금융위기를 2~3년 정도 버틸 자금여력, 즉 이자를 감당할 여력을 갖추고 이 시기를 안정적으로 보내고 나면 다시 회복한다는 이야기다.

금리가 점진적으로 완만하게 오른다면? 금리는 오르는데 집은 부족하고 집값도 계속 오르고 있다. 그러면 사람들이 집을 사는 데 부담이 점점 커질 텐데 과연 언제까지 오를 것인가? 이것을 알 수 있는 바로미터가 바로 미분양 수치다. 금리가 너무 올라서 사람들이 집을 사기 힘들어지면 재고가 생기기 시작한다. 미분양 수치를 확인하고 미분양이 쌓이기 시작하면 경계하면 된다.

이 상황은 요즘처럼 주택 공급이 부족할 때 금리가 오르는 상황을 가정한 것이다. 주택 공급이 넘친다면 금리가 오르든지 내리든지 간에 부동산 시장은 침체기에 접어들 것이다. 재화는 귀해야 오르는 법이니 남아도는 재화의 가격이 오를 리 없다.

2022년에 처음으로 투자를 시작한다면? 📖

만약 부동산 투자를 전혀 모르다가 2022년에야 투자를 시작한다 하더라도 투자할 방법은 정말 많다. 나는 2019년에 보유 중이던 아파트를 매도한 자금으로 첫 투자를 시작했다. 당시 5억원대였던 그 아파트는 현재 12억원이 되었다. 아깝지 않느냐고? 지금 다시 시작한다 하더라도 나는 12억원짜리 아파트를 팔고 월세로 이사간 뒤, 그 돈으로 투자할 것이다(월세 보증금은 최소로 하고 말이다).

만약 보유하고 있는 집이 전세가도 높고 입지가 좋다면, 전세를 준 뒤 전세보증금으로 투자하고 월세로 이사가는 방법도 있다. 보유하고 있는 집도 더 오를 가능성이 높기 때문이다. 하지만 내가 기존에 보유하고 있던 집은 전세가가 낮아서 전세를 주더라도 확보할 수 있는 투자금이 적기 때문에 팔아서 투자금을 확보하는 편이 낫다고 봤다.

12억원짜리 집을 팔아서 투자를 시작할 때 경우의 수는 다양하다.

난 우선 서울, 수도권 아파트는 가져야겠다

① 5억~7억원으로는 서울 혹은 경기도 상급지 및 재건축·리모델링 호재가 있는 아파트에 갭투자를 해서 1주택자가 된다. 이때 무조건 투자금 대비 매매가가 높은 아파트에 투자한다. 전세가와 매매가 차이가 똑같이 6억원인데 A는 매매가가 15억원이고 B는 매매가가 18억원이라면 B를 택한다(매매가가 클수록 상승 폭이 크다. 집값은 매매가에 비례해서 오른다). 이후 대출을 받아 전세자금을 내주고 실거주해서 비과세요건을 채운다(대출은 상담사나 부동산에 문의해서 정보를 얻는다. 찾으면 방법이 있다).

② 5,000만~1억원으로 지방 비규제 아파트에 투자한다(비규제 2주택 취득세 1.1%). 2년 보유 후 일반과세로 매도해서 수익을 낸다.

③ 3억원은 지방 재개발에 투자한다(입주권 취득세 4.6%). 서울 재건축·재개발은 투자금이 많이 들어가므로 지방 재개발로 투자수익률을 높인다.

④ 남는 자금이 있다면 나머지는 지식산업센터에 투자한다. 성수, 문정 등 상급지 지식산업센터 투자도 여전히 유효하고, 상급지가 많이 올랐으니 곧 키 맞추기할 경기도 지식산업센터 중 수요가 풍부한 곳을 골라서 투자한다(참고로 지식산업센터는 평형이 다양하기 때문에 소액으로도 투자가 가능하다).

난 서울이 좋고, 지방은 가기 싫고, 복잡한 것도 싫고, 하나만 사고 싶다

월세로 이사한 뒤 한남, 성수 재개발 등 누가 봐도 좋은 입지의 재개발 단지를 매수한다. 얼마나 많이 오를지는 모르지만 전세 사는 것보다, 12억원짜리 아파트에 그대로 눌러 앉아있는 것보다는 훨씬 나은 선택이다.

지방이든 어디든 투자해서 최대한 자산을 불려보겠다

① 1억~2억원으로 지방 조정지역 아파트를 매수한다(청주, 전주, 창원 등 이미 조정지역이지만 앞으로 오래 상승할 지역 중에서 선택한다).

② 1억원 내외로 지방 비규제 아파트를 산다(취득세 중과없음을 활용한다).

③ 3억원 내외로 지방 재개발 아파트에 투자한다.

④ 남는 자금으로는 지식산업센터에 투자한다.

12억원 외에도 신용대출 등 받을 수 있는 대출은 최대한 동원한다. 투자할 곳은 많다. 몰라서 못 할 뿐이다. 그리고 모르면 배우면 된다.

현재 5억원짜리 전셋집에 살고 있는데 3억원은 자산, 2억원은 전세자금 대출을 받은 경우

① 보증금 1억원 정도의 월셋집으로 이사하고 나머지 2억원으로 투자를 시작한다. 추가로 대출을 받는다. 월세는 감수한다. 월세보다 투자수익이 더 크게 만들면 된다.

② 확보한 2억원과 추가한 대출로 투자한다. 지금의 나라면 지방 비규제지역 투자와 지식산업센터 투자를 병행할 것이다. 일단 지방 비규제지역은 실거주 요건이 없어서 비과세를 받을 수 있다. 또한 지식산업센터에 투자할 때는 통상 80% 전후로 대출을 받아 매수하게 되는데 해당 지식산업센터의 시세가 오르면 대출을 더 받을 수 있어서 투자금 회수도 가능하다. 투자금을 회수하고 나면 다시 비규제지역에 투자해서 일시적 1가구 2주택 비과세 혜택을 받을 것이다(첫 집 매수 후 1년 뒤 매수).

4장

지금 바로
실천할 수 있는
코어투자전략

상승 유망지역 찾기

투자처 찾기 전
준비물

흐름분석을 위한 지표 찾기

흐름을 통해 시세차익을 얻는 이론을 이해했다면 실전에 들어갈 차
례다. 투자처를 찾기 전에 먼저 알아두어야 할 것들이 있다. 흐름분석
에 필요한 지표들은 어디에서 찾으면 되는지, 상승이 유망한 도시를
골랐다면 그 도시의 입지분석은 어떻게 하면 되는지다.

다음은 기본적인 부동산 흐름 지표 찾는 방법이다. 먼저 창원에 대
해서 찾아보자.

1 | 매매가격지수 파악하기

한국부동산원 사이트 하단에서 〈전국 주택가격동향〉으로 들어간다.

(출처: 한국부동산원)

　지역은 〈시군구별 − 상세지역〉에서 〈경남〉을 선택하고, 기간은 10년 정도로 설정한다. 그런 다음 〈전국주택가격동향조사〉 − 〈아파트〉 − 〈매매가격지수〉를 선택한 뒤 확인을 누른다.

(출처: 한국부동산원)

　다음은 경남의 여러 도시 중 창원만 남도록 설정한 화면이다.

(출처: 한국부동산원)

지난 10년간 창원의 시세변화가 한눈에 들어온다. 2016년 이후로 몇 년간 계속 하락하다가 2019년 12월에야 상승으로 전환해서 상승이 한창 진행 중이다.

부동산지인 사이트에서도 매매시세 변화를 확인할 수 있다. 〈지역분석〉 탭에서 지역을 선택하고 검색을 누른다.

아래의 그래프가 나오는데, 매매가와 전세가 변화추이를 살필 수 있다.

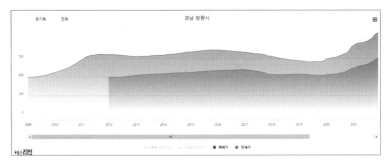

역시나 2016년부터 하락하다가 2019년 말 이후 상승하는 모습을 볼 수 있다.

2 | 입주물량 파악하기

부동산지인 사이트에서 입주물량을 파악한다. 다음 그래프에서 붉은 선이 적정 공급량이며, 2017~2019년에 입주물량이 많았다가 2020년 이후로 입주물량이 확연히 줄어드는 모습을 볼 수 있다.

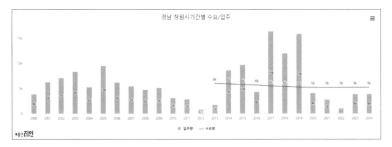

스크롤을 아래로 내리면 다음과 같이 입주 예정 단지들이 나타난다. 어느 위치에 몇 세대의 아파트가 입주하는지 파악해 두면 좋은데, 자세한 내용은 입지분석 편에서 함께 설명하겠다.

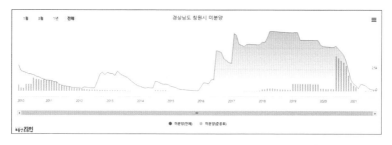

주택유형	단지명	소재지	입주시기	총세대수	매매시세(3.3㎡)	분양가(3.3㎡)	시공사	입주지도
아파트	성산반도유보라아이비파크	경남 창원시 성산구 사파정동 1	2022-03	1,045	0	1,519	(주)반도건설	♀
아파트	안단테청원가포A-2	경남 창원시 마산합포구 가포동 788	2023-06	402	0	760	화성산업(주)	♀
아파트	창원푸르지오더플래티넘	경남 창원시 마산합포구 교방동 75	2023-08	1,538	0	1,054	(주)대우건설, 쌍용건설(주)	♀
아파트	창원한양립스더퍼스트	경남 창원시 의창구 동읍 용잠리 374	2023-12	515	0	943	(주)한양건설	♀
아파트	창원무동동원로얄듀크	경남 창원시 의창구 북면 무동리 121-1	2023-12	525	0	980	(주)동원개발	♀
아파트	창원롯데캐슬센텀골드	경남 창원시 마산회원구 양덕동 166-44	2023-12	956	0	1,150	롯데건설(주)	♀

(출처: 부동산지인)

3 | 미분양 파악하기

부동산지인 사이트에서 〈빅데이터〉 - 〈미분양〉을 선택하고, 지역에서 〈경남〉 - 〈창원〉으로 설정하고 확인한다.

(출처: 부동산지인)

2016년부터 미분양이 폭발적으로 늘어나는 모습이다. 이렇게 되면 시세는 힘을 못 쓴다. 실제로도 창원의 시세는 미분양이 늘어난 2016년부터 하락을 시작해서 미분양이 줄어들기 시작하는 2020년 초부터 상승했다.

창원의 경우 미분양에 특이사항이 있다. 위 그래프에서 회색 막대 그래프가 준공 후 미분양인데, 준공하고 이제 입주해야 하는 아파트가 미분양이라면 일반 미분양보다 훨씬 안 좋은 상황이다. 이런 미분양을 악성 미분양이라고 하며, 이렇게 특이사항이 있으면 준공 후 미분양이 난 단지가 어디인지 찾아봐야 한다. 네이버에 〈창원 악성 미분양〉 등으로 검색하면 정보를 쉽게 얻을 수 있다. 찾아보니 해당 아파트는 마산 월영마린애시앙(4,000세대)아파트였다. 그래프를 해석해 보면 미분양이 가장 높은 시점에서 줄어들기 시작한 2019년 하반기부터 시세가 오르기 시작했고, 미분양이 드라마틱하게 줄어드는 시기에 시세가 급등했다.

창원은 인구수 100만이 넘는 큰 도시이고 구창원인 성산구, 의창구/ 마산회원구, 마산합포구 / 진해구로 나뉜다. 악성 미분양이 있던 지역은 마산이므로 조금 더 상세히 상황을 파악해 보아야 한다. 마산은 월영마린애시앙 미분양이 남아 있는 동안 시세가 눌려 있었고, 그보다 상급지인 구창원(성산구, 의창구)은 창원의 전체 미분양이 줄어들기 시작한 시점부터 마산보다 시세가 먼저 오르기 시작했다. 이 역시 창원시 성산구 시세변화 그래프와 창원시 마산회원구의 시세변화 그래프를 비교해 보면 알 수 있다.

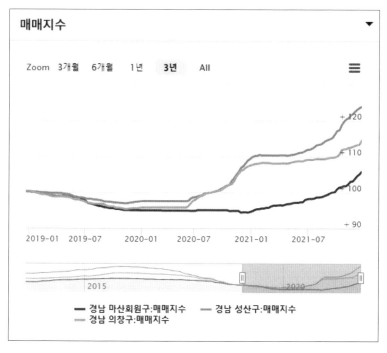

(출처: 알리알리)

위 그래프를 보면 성산구, 의창구는 2019년 말부터 오르기 시작했고, 마산회원구가 눈에 띄게 상승을 시작한 것은 2020년 하반기부터임을 알 수 있다.

이렇게 지역 흐름에 대한 감을 잡았으면 개별 지역을 더 상세하게 분석해 볼 차례다.

부동산 사이트 중 부동산지인, 아실, 호갱노노 등의 사이트가 유명하다. 개인적으로는 '알리알리'라는 사이트를 더 애용하는데 유료다. 부동산지인 사이트 역시 '부동산지인 프리미엄'이라는 유료 프로그램을 별도로 운영하니, 무료로 제공되는 프로그램을 이용하면서 사이트 활용법에 익숙해지면 유료 프로그램을 활용해보는 것도 좋다.

지역흐름 3분 만에 파악하기 ___

대구

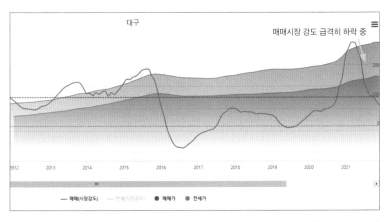

(출처: 부동산지인)

대구의 시세는 2016~2017년을 제외하고는 상승하고 있는 것으로 보인다. 그중에서도 최근의 상승세가 가팔랐다. 하지만 매매시장 강도(매수세)는 2020년 말까지 늘어났다가 현재까지 급속도로 줄어드는 중이다(매수세는 매수심리와 관련되므로 변동이 크다). 이렇게 오래 오른 지역은 투자처로 어떨까?

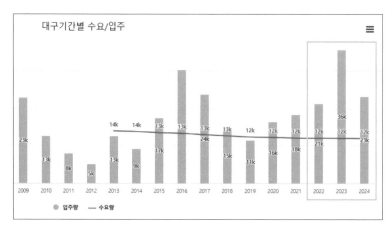

(출처: 부동산지인)

대구는 앞으로 예정된 입주물량이 많다. 입주물량이 많으면 전세가가 낮아

지고, 전세가가 낮아지면 매매가도 출렁거릴(하락세로 돌아설) 가능성이 높

다. 하지만 입주물량만 가지고 판단하기에는 불완전하므로 미분양도 확인해

보자.

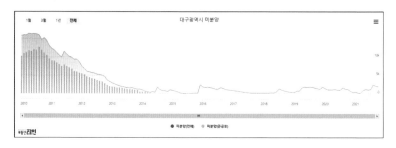

(출처: 부동산지인)

최근 미분양 수치가 늘어나는 모습이 보인다. 이런 경우는 미분양이 난 단지가

어떤 아파트인지, 최근 청약경쟁률은 어떠한지를 살펴보아야 한다. 외곽의 입지가 좋지 않은 아파트만 미분양이 나고 입지 좋은 곳의 청약경쟁률이 여전히 높다면 바로 하락하지 않을 수도 있다. 하지만 입지 좋은 곳에서도 미분양이 나고 청약경쟁률이 낮다면 좋지 않은 징조다. 이런 경우 전국에 많은 지역이 있는데 굳이 오랜 기간 상승했고 앞으로 입주물량도 많은 지역을 투자처로 고려할 필요는 없다고 본다.

거제

상승이 많이 진행된 곳이 부담스럽다면 아직 크게 상승하지 않은 지역을 살펴보자. 거제도 같은 방법으로 파악해 보자.

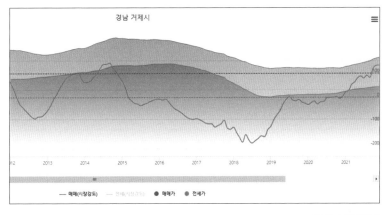

(출처: 부동산지인)

거제는 2014년 말부터 하락했다가 2021년에야 상승이 시작된 모습이다. 매매시장 강도를 보면 최근 들어서야 지수가 100을 겨우 넘었다.

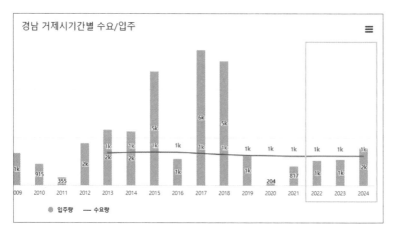

(출처: 부동산지인)

거제의 입주물량은 2020년과 2021년에도 부족했고, 앞으로도 적정수준보다 공급이 많지 않은 편이다. 그런데 입주물량이 부족한 것에 비해 상승 열기가 강하지 않다. 왜일까?

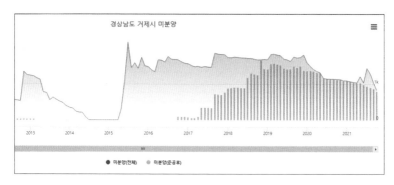

(출처: 부동산지인)

거제는 아직 미분양이 많이 줄어들지 않았다. 물론 이런 상황에서도 일부 단지는 빠르게 상승할 수 있으니 상황을 더 파악해 보아야 한다. 미분양이 난 아파트가 어디인지, 해당 지역의 상승에 발목을 잡고 있는 상황이 있는지도 살펴보자(2021년 12월 기준 거제장평포레나의 입주여파가 아직까지도 미치고 있는 상황이다. 입주하면서 전세가가 낮아지고 전세물량이 소진되기 전까지 시세가 눌려 있는 상황이며, 최근 들어 미분양이 해소되기 시작하면서 시세도 상승세를 보이고 있다). 또한 거제시 같은 곳은 해당 지역의 산업현황에도 영향을 많이 받을 수 있다. 작은 도시이고 일자리 상황에 따라서 인구가 더 유입될 수도 있고 빠져나갈 수도 있기 때문에 산업현황도 함께 살펴보는 것이 좋다.

결론적으로 거제시는 미분양이 더 줄어들고, 전세가가 오른다면 상승할 가능성이 높다. 인구수가 비슷한 다른 도시들과 비교했을때 가격이 저렴한지와 산업경기 리스크를 살펴본 후 투자처로 검토해도 좋다. 오랜 기간 하락했고, 앞으로 입주물량이 줄어들 예정이며, 이제 막 상승을 시작했기 때문이다.

지역 내에서 흐름이 퍼져나가는 순서를 이해하면 상승기간에 따라 어떤 상황이 펼쳐질지 짐작해볼 수도 있다. 짐작해보고 실제로 분석한 상황과 매치해 보는 것도 좋을 것이다.

우선 2019년 하반기부터 상승하기 시작한 창원의 대장이나 상급지는 이미 많이 상승했을 가능성이 높다. 상급지가 많이 오른 반면 2군 입지까지는 흐름이 안 왔다면, 곧 키 맞추기를 할 2군 입지에 투자하는 것이 투자효율이 높을 수 있다(물론 개별 단지마다 상황이 다르므로 단정적으로 생각하지는 말자).

인천의 경우에는 송도의 시세가 최근 들어 급등했다. 그런데 인천 대장지역인 송도가 크게 오른 것만큼 인천의 다른 구들이 따라가는 데는 시차가 생긴다. 그러므로 송도가 오른 것을 보고 다른 구들의 아파트를 공략하는 것도 좋은 방법이다.

거제처럼 이제 막 상승을 시작하는 지역은 입지 좋은 재건축, 인기 많은 분양권 정도에만 피가 붙어 있고 구축은 아직 상승하지 않았을 가능성이 높다. 이때는 상급지에 투자하는 것도 좋다. 상급지도 바닥시점보다는 가격이 이미 올랐을 수도 있지만 아직은 상승 초기이고, 안정적으로 오르고 또 많이 오를 곳은 상급지이기 때문이다(도시 규모가 작을수록 상급지가 더 안정적이다).

입지분석하기

1) 개략적인 입지 파악하기

이제는 지역별 입지분석을 할 차례다. 나의 입지분석 방법은 단순하다. 개략적인 입지를 파악한 뒤, 평당가 순으로 아파트를 살펴보면서 왜 이 순서대로 가격서열이 정해졌는지를 생각해보는 방법으로 진행한다.

도시가 형성되는 과정을 생각해 보면 이해하기 쉽다. 맨 처음에는 구도심이 형성되었을 것이다. 오래된 구도심은 길도 좁고 구불구불하다. 오래된 아파트, 빌라, 주택이 많이 있을 것이고 재래시장이 있는 경우도 있다. 구도심이 점차 커지면 근처에 반듯반듯한 택지지구가 생기고 아파트들이 들어선다. 이런 곳은 구도심에 비해 길이 반듯반듯하고 주택보다는 아파트가 더 많이 있을 가능성이 높다.

시간이 지나면서 도시가 확장되면 택지지구가 또 만들어진다. 이런 택지지구들 중에는 학원이 발달한 학군지도 있고(대전 둔산동처럼 택지지구여도 만들어진 지 오래된 경우도 많다.), 최근에 만들어져 아직은 학원가가 형성되지 않았지만 신축 아파트가 몰려 있는 신규택지도 있다. 요즘은 신규택지에 일자리와 공원이 같이 들어와서 인기 있는 곳이 많다(천안 신불당, 전주 에코시티, 수원 광교, 청라, 동탄2신도시 등). 외곽 택지지구 중에는 초등학교만 있고 중·고등학교는 없어서 주로 신혼부부, 어린 자녀를 둔 가정, 은퇴하신 분들이 주로 거주하는 지역도 있을 것이다. 또 도심에는 쇼핑몰이 있는 중심상권도 있을 것이고, 도시 규모가 크다면 중심상권에 백화점도 있을 것이다.

2) 지도 보며 입지 파악해보기

이러한 배경지식을 바탕으로 입지를 파악해 볼 차례다. 너무 세세하게 할 필요는 없고 개략적으로 파악해 본다. 누누이 이야기하지만 가격이 입지를 말해준다. 지역분석, 입지분석보다는 흐름을 파악하고 해당 지역이 저평가되어 있는지 판단할 줄 아는 것이 우선이다.

먼저 네이버 지도를 보면서 지역 입지를 파악해 보자. 대한민국 내에서 해당 도시가 어디에 위치해 있는지, 주위 도시와의 개략적인 거리와 교통상황을 살펴본다. 그리고 지적편집도에서 어디가 구도심이고 어디가 택지지구인지를 살펴본다.

천안시 지적편집도

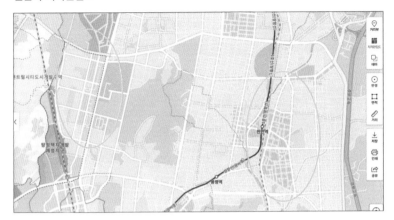

(출처: 네이버지도)

예를 들어 천안의 경우 우측 천안역 인근은 길이 복잡하고 좁은 모양이다. 반면 좌측 불당 지역은 네모 반듯반듯하고 녹지(공원)도 있다. 길이 복잡한 곳이 구도심, 반듯한 곳이 택지지구다. 파란색으로 표시된 부분은 산업단지의 위치다. 이렇게 어디가 구도심이고 택지지구인지를 파악한다.

고속버스터미널, 시외버스터미널, 기차역의 위치를 파악한다(네이버지도에서 검색하면 된다). 교통의 중심이 어디인지부터 파악하는 것인데 구도심에 터미널이 있는 경우도 있고, 현재의 도시 중심지 혹은 신규택지에 터미널이나 기차역이 있는 경우도 있다. 그러니 무조건 터미널이 있다고 중심지라고 생각할 필요는 없고 하나의 정보로만 파악해 둔다.

시청, 법원의 위치를 파악한다. 공공기관 일자리를 의미하기도 하며 근처에 상권이 발달해 있는 경우도 많다. 이 또한 구도심에 있는지 신규택지나 중심지에 있는지를 파악하고, 네이버 위성지도로 주위 상가나 길을 보면서 상권도 짐작해본다. 백화점, 이마트나 홈플러스 등의 위치를 포함해 중심상권이 어디인지도 파악한다.

다음으로 학군지가 어디인지를 파악한다. 네이버에서 '울산 학군지', '대구 학군지' 등으로 검색해서 찾아봐도 되고, '아실' 사이트에서도 확인할 수 있다.

파란색으로 표시된 천안의 학원가

(출처: 아실)

위 그래프를 더 확대하면 학원 수도 나온다.

3) 아파트 평당가 순으로 파악하기

이렇게 웬만큼 해당 지역의 입지를 파악했다면 본격적으로 아파트 공부를 해보자. 우선 아파트를 평당가 순으로 정렬한 다음 네이버지도에 표시하면서 아파트별로 개략적인 입지를 파악한다.

1 │ 평당가 순으로 정렬하기

평형을 전체로 하면 같은 아파트가 중복되어 검색되므로, 우선 30평대만 검색해서 정렬한다.

거제 아파트 30평대 평당가 순 검색결과

평수 적은 재건축 유망 아파트나 분양권의 경우는 검색이 안 되니 별도로 찾아본다. 30평대로 검색되지 않았던 재건축 아파트는 평수를 전체로 두고 다시 검색하면 나오므로 따로 체크하고, 분양권은 네이버에 거제 분양권을 검색해서 파악한다.

분양권 시세는 네이버부동산에서 피가 얼마인지 파악해둔다. 분양권 중 피가 높은 곳은 입지가 좋아서 인기 많은 단지일 가능성이 높으므로 부동산에 전화도 해본다. 실제로 나온 매물 가격은 네이버부동

산보다 높을 수도 있는 데다, 분양권은 지역 분위기를 가늠하기 좋은
종목이므로 전화해 보는 것이 정확하다.

네이버에서 '거제 분양권'을 검색한 화면

(출처: 네이버부동산)

2 | 아파트들 개별적으로 파악하기

평당가 높은 순으로 네이버지도에 하나씩 별표를 한다. 모든 아파트를 다 파악하는 것은 소모적이므로 상위 30% 정도만 파악한다. 추가로 구별 상위 아파트들도 파악해둔다. 예를 들어 울산의 경우 상위 30% 아파트만 조사하면 동구의 아파트는 아예 나오지 않는다. 상급지인 남구, 중구의 아파트도 파악해야 하지만 북구, 동구의 아파트도 구별로 상위 아파트는 체크해둔다.

물론 상승흐름이 많이 진행되어 2군, 3군에서 투자처를 찾아야 하는 경우라면 추후 더 자세히 파악해야 한다. 다만 전체적으로 상황을 파악한 뒤 자세히 조사하는 것이 효율적이므로 처음에는 상위지역만 가볍게 파악해두는 편이다.

아파트별로 표시하며 입지 파악

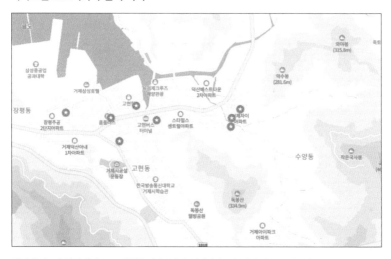

네이버 지도에 평당가 순으로 검색한 아파트마다 저장하기를 눌러서 별표를 해둔다.

(출처: 네이버부동산)

이렇게 네이버지도에 별표를 해두면서 시세 서열과 앞에서 파악해 둔 입지를 매칭해 본다. 가장 평당가가 높은 아파트가 학군지에 위치한 경우도 있고, 신규택지에 있는 경우도 있다. 새로 개발되고 있는 택지의 분양권이 가장 비싼 경우도 있다.

"A, B, C 아파트가 모여있는 곳이 시세가 가장 높네? D, E 아파트는 그다음이네? D, E 아파트는 왜 평당가에 차이가 나는 걸까? 연식과 브랜드에서 밀리는 걸까?" 학군지랑 얼마나 떨어져 있는지, 상권 이용이 불편한지도 생각해본다. 이런 생각을 하면서 아파트마다 지도에 별표를 한다.

평당가 순으로 정렬했으니 서열이라는 정답지를 갖고 있는 셈이다. 그 정답지를 보고 입지를 보면서 왜 이렇게 서열이 형성되었는지 유추해 보자.

이런 작업을 마치고 나면 마무리로 지역 카페나 네이버에서 '○○지역 입지분석' 등의 키워드로 검색해서 사람들이 올려놓은 글을 읽어본다. 이 정보들이 100% 정확한 것은 아니더라도 이런 글을 읽고 나면 좀 더 지역을 이해하게 된다.

여기까지 하고 나면 개략적인 도시 입지와 주요 아파트 단지 이름에 익숙해진다. 자, 이제는 본격적인 투자처 고르기 단계다.

상승 유망 지역 선정하기

이번 장에서는 상승이 유망한 지역을 선정하는 방법을 알아보고, 다음 장에서 지역 내에서 투자처 고르는 방법을 설명하겠다. 상승 사이클을 타게 될 도시 내에서 투자처를 선택해야 하므로 상승이 유망한 도시를 먼저 선정하고, 그다음에 세부적인 투자처를 고른다.

매매거래 지수가 몇 년째 하락 중인 지역

앞으로 기회의 땅이 될 수 있다. 원래 아파트는 길게 보면 우상향해야 하는데 모종의 원인으로 상승하지 못하고 하락 중이라고 보면 된다. 그 이유가 사라지면 그동안 하지 못한 상승을 단숨에 한다. 단, 하락 중이라고 무작정 매수하면 위험하다. 하락에서 상승으로 전환하는 시기를 노리자.

상승을 기대할 수 있는 신호들은 다음과 같다.

입주물량: 현재는 입주물량이 많아서 지역분위기가 안 좋지만 앞으로 입주물량이 확연히 줄어든다면 좋은 신호다.

청약경쟁률: 하락 중일 때는 분양을 하더라도 미분양이 나거나 청약경쟁률이 낮다. 하락 중임에도 청약경쟁률이 높게 나왔거나 특공소진률이 높다면 좋은 신호다.

미분양 추이: 하락 중일 때는 미분양수치가 높아져 있다. 분양을 해도 지역에서 소화되지 못하고 미분양이 적체되어 있는 것이다. 이렇게 높은 미분양수치가 점차 낮아지는 모습을 보인다면 이 역시 좋은 신호다. 주의할 점은 미분양이 다 줄어들고 나면 이미 상승을 시작한

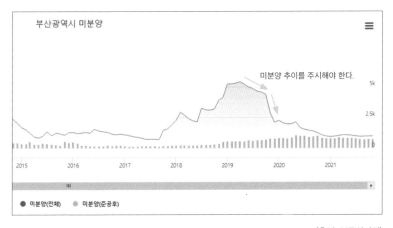

(출처: 부동산지인)

뒤이므로 미분양이 줄어드는 추이를 꾸준히 체크해야 한다는 것이다. 분위기가 좋아지면 미분양은 많다가도 빠른 속도로 줄어드니 관심 있는 지역이 있다면 매달 미분양 추이를 체크해보자.

거래량: 상승으로 반전할 때는 높은 거래량을 동반한다. 분위기가 안 좋은 하락장일 때는 팔려고 내놓아도 잘 안 팔려서 매물이 쌓여 있다. 그렇게 쌓여 있던 매물이 거래가 되기 시작하면서 분위기가 좋아지기 시작한다. 자연히 거래량이 많아진다.

외지인 매수세: 지역민들은 정보가 늦다. 그리고 몇 년 동안 하락을 겪었기 때문에 하락 공포가 크다. 타 지역 사람들의 매수세가 높다는 것은 그만큼 투자자가 많이 매수했다는 이야기인데, 외부에서 더 객관적으로 분석해서 매수했다는 뜻이므로 좋은 신호로 볼 수 있다(물론 남들이 많이 샀다고 해서 무조건 좋다는 것은 아니다).

분양권 시세: 분양권은 분위기에 민감하다. 분위기가 침체되면 바로 피가 내려가고, 분위기가 달아오르면 바로 피가 붙는다. 지역 내의 인기가 많은 곳 유명세가 있는 아파트 단지를 정해두고 정기적으로 전화해서 시세와 분위기를 모니터링하자. 분양권 피가 오르기 시작하면 좋은 신호다.

전세가: 전세가가 오르고 매매가가 상승한다는 것은 집이 귀해진다는 말이기도 하다. 단지에 따라서 매매가가 먼저 오르고 전세가가 오

르는 경우도 있지만, 대체로는 전세가가 오르면서 매매가도 따라서 오른다. 입주물량이 줄어들면서 전세가가 오르고, 이렇게 전세가가 오르다 보니 이 가격에 전세 살 바에야 차라리 집을 사는 게 낫겠다면서 매수한다. 그러면서 매매가도 오르고, 매매가가 오르기 시작하면 분위기가 더 좋아진다. 이렇게 흘러가는 것이 일반적이다.

이 모든 변화는 수개월에 걸쳐서 진행된다. 그러니 관심 가는 지역을 선정해두고 정기적으로(한 달에 한번이라도) 모니터링하면서 진입 시기를 노리면 좋은 기회를 잡을 수 있다. 지속적으로 모니터링하기만 하면 기회를 잡을 시간은 충분하다는 이야기다.

이미 상승을 시작한 지역

매매거래지수를 살펴보았더니 5년 하락하고 1년 상승했다. 상승을 이미 시작하긴 했지만 1년만 상승하고 도로 하락할 가능성은 매우 적다. 부동산은 무거워서 한번 상승으로 방향을 틀면 몇 년 동안 추세적으로 상승할 가능성이 높으니 이미 오르기 시작한 곳에 투자하는 것도 좋은 선택이다. 이때도 미분양과 앞으로 예정되어있는 입주물량 등을 살펴서 선정한다.

오랫동안 상승해온 지역

상승을 오래 하고 많이 했다는 것은 그만큼 상승 가능성이 떨어진다는 이야기이기도 하다. 대구는 오랫동안 상승을 한 데다 앞으로 예정된 입주물량이 많고 미분양이 조금씩 나고 있다. 서울 역시 오랫동안 오르고 많이 올랐기 때문에 상승·하락 논란이 많은 것인데, 앞에서도 이야기했던 것처럼 미분양수치의 추세를 살펴서 판단하자.

설령 앞으로 오를 가능성이 높다 하더라도 투자처로 고려할 것인가는 다른 이야기다. 오랫동안 올랐다는 것은 그만큼 투자효율성은 떨어진다는 뜻이다. 매매가가 많이 올라서 투자금이 많이 들어가는데, 이미 많이 오른 만큼 투자금 대비 기대되는 시세차익이 적기 때문이다.

실전편

투자 세부전략 짜기

똑똑한 한 채
사기

대장아파트 이해하기

특정 지역이 상승을 시작하면 인기 있는 아파트 위주로 오르기 마련이다. 과거에는 실거주자들이 만만하게 여기는 가격대의 아파트가 먼저 오르기도 했는데, 최근엔 상급지부터 오르는 경향이 있다.

대장아파트부터 오르고 곧이어 1.5군 신축, 준신축, 지역 내 학군지(구축이지만 입지 좋은 곳)가 오른다. 이 아파트들부터 한동안 오르고 나서야 2군 아파트가 오르기 시작한다(편의상 대장급 아파트 단지를 1군, 준대장급 신축을 1.5군, 상위 30~40%에 해당하는 아파트를 2군, 그 이하를 3군 아파트라 칭하겠다).

상급지의 매력

상급지는 상승장 초반부터 오르기 시작해서 상승장 내내 보합과 상승을 반복하며 계속 오른다. 당신이 생각하는 것보다 더 많이(지역의 대장아파트는 그런 힘이 있다). 보유하는 동안 기분도 좋고(대장이니까) 팔기도 쉽다(지역에서 가장 선호하는 아파트니까). 좋은 아파트는 대체로 집 컨디션도 좋아서 관리하기도 편하다.

이미 올랐음에도 앞으로 더 오를 것이 보인다면 충분히 투자를 고려할 수 있다. 꼭 바닥에서 사야 되는 것이 아니라, 내가 산 금액보다 더 오른 금액에 팔 수만 있으면 된다. 상승 중반이라도 상급지 투자는 비교적 안정적인 투자처다.

입지에 따라 벌어지는 가격 격차

아파트가 상승하기 전에는 지역의 대장아파트(1급지), 중상위 아파트(1.5급지), 중급 아파트(2급지)의 값에 큰 차이가 나지 않는다.

대장아파트는 자부심이 상당하다(대장은 원래 자부심이 있는 법이다). 그런데 상승 시작 전 가격을 보면 자부심 있는 아파트치고는 다른 아파트들과 가격 차이가 크게 나지 않고, 생각보다 비싸지 않다. 하지만 지역 내에서는 "저기는 비싼 아파트야."라는 이미지가 확고하다. 외부에서 보기에는 별반 가격 차이도 안 나는데 자기들끼리 비싸다고 하는 격이다.

이런 아파트는 상승흐름이 오면 먼저 오르고 많이 오른다. 잘사는 사람들, 좋은 동네, 비싼 아파트는 왠지 그들만의 세상인 것 같고 그들만의 리그가 있을 것 같은 이미지가 있다. 실제로도 그들만의 세상을 형성하기 위해서는 아무나 못 들어오게 만들어야 하는데, 가격이 오르면서 가격으로 바리케이드를 치게 된다. 상승흐름이 시작되면 아파트 서열은 그대로이지만, 아파트끼리 가격 차이는 크게 벌어진다. 입지에 따른 가격 변화 차이는 생각보다 크다.

청주시 1군/2군/3군 아파트의 시세변화

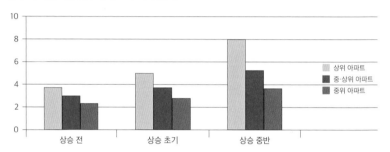

청주를 예를 들어 설명해보겠다. 상승이 시작되기 전에는 대장아파트(두산위브지웰시티2차)의 매매가가 4억원, 중상위 아파트(율량동 대원칸타빌3차)는 3억원, 중간급 아파트(사직푸르지오캐슬)는 2.5억원이었다. 너무 하위로 가면 3,000만~5,000만원 하는 아파트도 있으니 중간급 아파트까지만 비교하겠다. 상승이 진행 중인 현재 청주 대장 아파트는 7억~8억원, 중상위 아파트는 5억원 초중반, 중위 아파트는 3.5억원대다.

대장아파트 1등으로 매수하는 법
현재는 전국이 이미 상승을 시작한 지역이 대다수지만 언제고 다시 올 기회를 잡기 위해 알아두자.

청주 미분양 추이

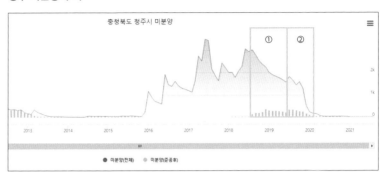

(출처: 부동산지인)

미분양이 쌓여 있다가 줄어드는 추세라면 상승 신호로 볼 수 있다. 위 그래프를 보면 ②번 시기에는 2019년 하반기에 미분양이 급격히 줄어드는 모습을 확인할 수 있다. 미분양 수치가 ①번 시기인 2019년 초 고점에서 줄어들고는 있지만 이때는 너무 높다. 미분양이 줄어들면서 적정수준 이하로 떨어져야 한다(통상 인구수의 0.1% 정도로 미분양 수치를 산출한다). 적정수준 이하로 급격히 줄어드는 시기는 ②번 시기인 2019년 하반기다. 이후로 2020년 상반기에 더 줄어들어서 현재는 거의 제로에 가깝다.

미분양 추이만 봐도 청주는 2019년 말부터 상승을 시작해서 2020년 상반기에 한 차례 더 상승한 이후 지금까지 계속 상승하고 있음을 짐작할 수 있다.

청주 매매시장 강도와 매매가 추이

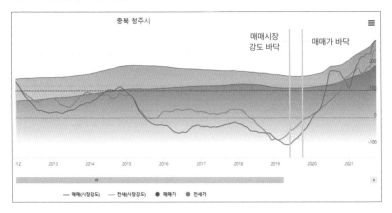

(출처: 부동산지인)

위 그래프에서 매매시장 강도가 가장 바닥일 때는 2019년 6월이었고, 이때를 기점으로 매매시장 강도가 강해지고 있다. 바닥일 때는 알기 어렵고, 그래프가 바닥에서 다시 상승하려는 모습을 보일 때, 즉 그래프가 살짝 올라갈 때 진입하면 1등이라고 할 수 있다.

매매시장 강도는 2019년 6월이 저점이었지만 매매가는 2019년 9월이 저점이었다. 사람들이 매수하기 시작한 몇 달 뒤에야 매매가가 오르기 시작한 것이다. 이때 사야 바닥에서 살 수 있다. 하지만 이때의 상승폭은 매우 미미하다. 매매가는 처음에는 천천히 오르다가 뒤로 갈수록 가파르게 오른다.

온라인상으로 데이터를 열심히 분석한 뒤 매수하려고 가보면 막상 그 지역 사람들은 하락의 공포에 떨고 있고, 부동산 카페나 지역 카페에서는 상승·하락에 대한 논쟁이 한창이다. 이때 매수하면 된다. 이 것이 공부의 힘이다. 대신 경험이 없으면 아무리 공부를 많이 해도 확신이 부족할 수 있다. 이런 때 투자를 할까, 말까 결정하는 마지막 결정타는 다른 지역과의 상대평가다. 청주의 인구수가 85만명인데 다른 도시 대장아파트와 비교했을 때 가격이 저평가라는 게 확실하다면, 언제부터 오를지 확신할 순 없지만 오를 것만은 확신할 수 있다(이 내용은 뒤에서 더 자세히 설명하겠다).

이 시기를 놓쳤다면 살짝 상승했을 때, 상승하는 것을 확인하고 사는 것도 좋다. 상승을 확인하고 진입하는 것이므로 이때가 가장 안전하다. 3.8억원 정도 하던 아파트가 2019년 12월 4억원 후반대가 되었다. 지역 카페에서는 이제 곧 5억원을 넘을 거라는 둥 금방 다시 내려갈 거라는 둥 여전히 논쟁 중이다.

대장아파트를 바닥에서 사야만 하는 것은 아니다

자, 상승이 시작되는 것을 눈으로 보았다. 2019년 12월까지는 대장아파트가 위치한 청주시 흥덕구 평균 매매가 그래프가 상승하는 낌새조차 보이지 않고 있다. 대장아파트만 먼저 오른 상태다.

청주 흥덕구 매매가격지수

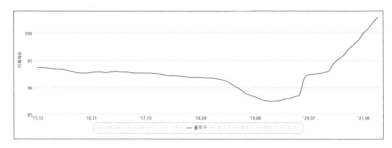

(출처: 한국부동산원)

　바닥에서 살 기회를 놓쳤다면 지금 사도 된다. 아직도 상승장 초기다. 다시 한번 강조한다. 부동산은 무거워서 상승추세로 전환하면 그 추세가 몇 년 동안 가며, 대장아파트는 그 기간에 생각보다 많이 오른다. 그리고 뒤로 갈수록 오르는 폭이 더 가파르다.

　실제로 나는 2019년 후반기 청주 대장아파트에 1등으로 진입할 기회를 놓친 다음, 2020년 5월 4.9억원에 매수계약을 했다(상승 전 가격은 3.8억원이었다). 이미 바닥에서 1억원이 올랐지만 충분히 더 오를 것으로 보고 투자하기로 결정했다. 그런데 이후 청주부동산 시장이 급등하자 매도자 측에서 계약금을 배액배상하는 바람에 계약이 파기되었다. 지금 이 아파트의 시세는 7억원대다.

가성비보다 똑똑한 한 채가 나은 경우는?

바쁘고 투자에 신경을 많이 못 쓰는 상황이라면, 자금을 쪼개어 여러 군데에 나누어 투자하기보다 하나 사서 그게 많이 오르는 것이 차라리 편하고 좋다. 바빠서 투자를 못 하니 좋은 것 하나 사두는 것이 상황에 맞다.

투자 겸 실거주 목적으로 집을 사면서 어차피 하나만 살 계획이라면, 이왕이면 가급적 좋은 집을 사는 편이 살기에도 좋고 시세차익을 남기기에도 유리하다. 이 경우는 가성비를 너무 따지지 말고 올랐어도 상급지를 사는 게 낫다. 시세차익 금액 자체가 커지기 때문이다.

다음 흐름 포착하고
움직이기

대장아파트가 움직인 후의 분위기

자, 대장아파트가 우물쭈물하는 사이에 1억원이 올라버렸다. 1억원이나 올라버렸으니 그 아파트를 사기에는 배도 아프고 이제는 내가 가진 자금으로 살 수도 없다. 그렇다면 어떻게 해야 할까? 그다음 입지로 가야 한다. 이때쯤이면 분양권과 재건축 단지에도 피가 붙고 있을 것이고, 그다음 순위의 아파트 매물도 잠겨갈 것이다. 그리고 마이너스 피라서 무시하던 안 좋은 입지의 분양권들에도 마이너스 피가 사라지고 피가 붙기 시작할 것이다.

이때는 대장아파트를 오른 가격에 사도, 피를 주고 분양권을 사도, 입지 좋은 재건축단지를 사도, 그다음 순위 아파트를 사도 괜찮다. 부동산은 무겁고, 지역이 한번 상승 추세를 타면 앞으로도 한참 오르기 때문이다.

흐름 파악해서 투자처 찾는 법

1 | 내 자금으로 투자가능한 후보지 간추리기

평당가 순으로 정렬한 뒤, 상급지에서부터 내려오면서 내 자금으로 투자할 수 있는 곳을 찾아본다.

2 | 흐름 파악하기

– 네이버 부동산에서 파악하기

아파트를 평당가 순으로 정렬한 뒤 어디까지 흐름이 오고 어디까지 흐름이 오지 않았는지를 파악한다. 네이버에서 '부동산 실거래가 그래프'를 보면서 그래프가 상승을 가리키고 있는지, 실거래가보다 매물 호가가 더 높은지 보면서 우선 살핀다. 실거래가 그래프가 상승 곡선을 그리면 그 아파트가 상승을 시작했다는 것이고, 실거래가 그래프는 상승하지 않았지만 직전 실거래가보다 매물호가가 더 높다면 현장에서는 오르고 있음을 짐작할 수 있다.

– 부동산에 전화해보기

흐름을 어느 정도 파악한 뒤에는 그 지역 부동산에 전화를 해보면 정확하다. 이미 현장에서는 매물호가가 높아졌더라도 부동산에서 일부러 이미 거래 완료된 낮은 가격의 매물을 내리지 않고 띄워 놓기도 하고, 실거래가 신고도 최대한 늦게 하는 경우가 많다. 그러니 네이버 부동산으로는 개략적인 것만 파악하고 직접 전화해본다.

전화를 돌려보니 대장아파트(1군)는 이미 한 차례 상승해서 지금은 조용하고, 그다음 입지의 아파트 몇 군데(1.5군)는 한참 상승이 진행 중이다. 한 달 사이에 가격이 3,000만에서 5,000만원이 뛰었다. 더오를 것으로 예상은 되지만 매매가가 단기간에 올라서 투자금이 너무 많이 들어간다. 그보다 아래 입지의 아파트(2군)는 아직 조용하다. 이럴 때는 어떻게 하면 좋을까?

투자처 결정하기

이런 경우에 투자처를 결정하는 방법은 다음과 같다.

– 이미 상승했지만 그래도 대장인 1군을 노리기

(앞에 나온 '5. 똑똑한 한 채 사기'에서 설명)

– 지금 한창 상승 중인 1.5군 노리기

단기간에 오르는 중일 때는 집 소유자가 이런 분위기를 모르고 실거래가 정도 금액에 매물을 내놓을 수도 있으니 기회를 노려보는 것도 좋다. RR 등 좋은 매물은 이미 꽤 올랐어도 간혹 저층이나 인기 없는 타입이 살짝만 오른 가격에 남아있는 경우도 있다. 혹은 원래 목표했던 평형과 다른 평형 매물에서 기회를 잡을 수도 있다. 이때는 굳이 아래 입지로 내려가기보다 이런 매물을 사는 것도 좋다. 단지 내에서는 아쉬운 매물이라 하더라도 이 단지 자체가 좋기 때문이다. 너무 늦으면 이마저도 없다.

- 2군으로 넘어가기

목표했던 아파트에 투자하기 늦었다 싶다면 평당가 순으로 다음 단지에서 투자처를 찾는다. 이때 다른 구의 대장, 다른 동의 대장도 함께 검토한다.

편의상 1군, 1.5군, 2군으로 표기했을 뿐 흐름은 중심지에서 외곽으로, 상급지에서 하급지로 점차 번져간다. 따라서 어느 단지든 서열 순으로 정렬해서 흐름이 어디까지 왔고 어디로 퍼져나가는지를 파악해본다.

투자처 옥석 가리기

지역과 입지를 분석하는 것도 좋지만 아파트 평당가 순위에 이미 많은 것이 담겨 있음을 알아두자. 물론 개별적으로 호재가 있거나 택지지구에 있는 아파트 혹은 분양권, 재개발·재건축은 특별히 더 상승할 가능성이 높고 지역 흐름변화에 가격이 민감하므로, 일반 기축 아파트와는 별도로 알아보아야 한다.

2군 입지까지 상승흐름이 한 차례 쭉 퍼지고 나면, 그때는 1군부터 또다시 오른다. 2군이 오르는 동안 상급지 아파트가 가만히 있을 리 없다. 올랐어도 또 오르고 계속 오르며, 기본적으로 수요 대비 공급이 적을 때 오르니 전세가도 오른다. 그러고 난 후에는 흐름이 3군으로 넘어온다.

이때 투자한다면 3군, 즉 더 하위입지에 투자할 것이냐, 올랐어도 2군 이내 상위입지에서 선택할 것이냐를 선택해야 한다. 지역 대세상 승장이 오면 하위입지까지도 오른다. 그리고 투자금도 적게 든다. 투자금 대비 수익률을 따지면 하위입지에 투자하는 것이 높을 수도 있다. 대신 투자 난도는 올라간다. 그만큼 옥석을 가려내야 하고 매도가 상대적으로 어려울 수 있기 때문이다.

요약하면 상승지역(도시)을 우선 선정하고, 그다음은 지역 내 아파트를 평당가 순으로 정렬해서 내 투자금으로 투자가 가능한 아파트를 찾는다. 아래로 내려갈수록 입지가 떨어지니 가급적 상위에 있는 아파트를 매수한다. 지역에서 상위 30% 이내에 드는 아파트가 무난하다. 소도시일 경우는 되도록 더 상위에 있는 아파트일수록 좋고 (실거주 수요가 적으므로), 도시가 클수록 좀 더 낮은 급지로 내려가도 수요가 탄탄할 수 있다.

상대평가로
투자처 고르기

아파트값은 상대평가이므로, 비교 방법을 배우자

시장가격은 기본적으로 상대평가로 결정된다. A아파트는 역세권, 신축, 브랜드라 10억원이고 B아파트는 역에서 5분 정도 떨어져 있고 10년차여서 8억원인 상황이라고 가정해 보자. 가격과 조건을 보고 돈을 더 주고서라도 A아파트를 선택하는 사람도 있을 것이고, 상대적으로 돈이 덜 들어가는 B아파트를 선택하는 사람도 있을 것이다. 조건과 비용을 따져서 상대적으로 비교하면서 선택하고, 이렇게 비교를 통해서 형성되는 것이 최종적인 아파트 시장가격이다.

가격이 오르기 시작해도 상대적 비교가치는 변하지 않는다. 사람들은 바보가 아니라서 더 나쁜 것을 더 비싸게 사지는 않는다. 따라서 서열이 바뀌기는 힘들다. 하지만 흐름이 먼저 오는 곳이 있고 나중에

오는 곳이 있으므로 아직 상승흐름이 오지 않은 아파트를 잘 선택하면 좋은 매수 타이밍을 포착할 수 있다.

아파트값은 상대평가라는 것을 알고 이것을 비교할 줄 알면 상당히 안정적으로 투자할 수 있다. 그 방법은 지역별 아파트값을 비교하는 것인데, 이때 지역 아파트 평균 가격으로 비교하면 오류가 날 수 있으니 지역의 대장아파트끼리 비교하는 방법을 추천한다.

인구수로 비교하기

앞서 이야기한 것처럼 지역 대장아파트 매매가는 해당 지역의 인구가 많으면 많을수록 올라갈 확률이 높다. 그만큼 많은 사람들이 살고 싶어 하는 아파트이기 때문이다.

지역을 인구수로 비교할 때 주의할 점은 출퇴근할 수 있는 그룹으로 묶어서 비교해야 한다는 것이다. 과천 인구수는 약 7만명이다. '인구수가 7만명밖에 안 되는 소도시니까 저렴하겠군.' 이렇게 생각하면 큰코다친다. 서울과 가깝고 서울로 출퇴근할 수 있는 지역은 연계해서 생각해야 한다. 단, 모든 수도권이 다 서울과 연계되어 있진 않다.

평택 사람들 중 서울로 출퇴근하는 사람들이 많을까? 아마도 비율이 높지는 않을 것이다. 평택은 개별 사이클로 움직일 가능성이 높다. 대신 수원 동탄 등 인근 지역의 변화와는 관련이 있다. 목포 사람들이 전주로 출퇴근하지는 않고, 부산 사람들이 대구로 출퇴근하지는 않는다. 하지만 경산에 사는 사람들은 대구로 출퇴근할 수 있을 것이다.

이렇게 주변 지역과 연계 정도를 생각하고 도시의 크기를 고려해서 비교하면 오류가 줄어든다.

1 | 부산(336만) vs 대구(240만)

자, 이제 비교해보자. 부산 인구수는 336만, 대구 인구수는 240만이다. 부산과 대구의 대장아파트 중 어느 곳의 매매가가 더 높은 것이 상식적일까? 그렇다, 부산이다.

하지만 지역의 부동산 사이클이 서로 다르기 때문에 부산 대장아파트값이 대구 대장아파트값보다 늘 높지는 않다. 그리고 바로 이런 점이 투자기회가 된다.

부산 해운대구와 대구 수성구의 시세 비교

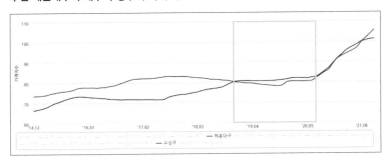

(출처: 한국부동산원)

위 그래프에서 대구 수성구(빨간색)는 2017년부터 상승을 시작하고, 부산 해운대(파란색)는 2017~2019년까지 하락했다가 2019년 하반기부터 오르는 모습이다. 부산 해운대 시세가 대구 수성구 시세보다 일시적으로 저렴하다가 상승을 시작한 이후로 시세가 역전된 것을 알 수 있다.

부산 해운대구트럼프월드센텀과 대전 수성구범어SK뷰의 시세 비교

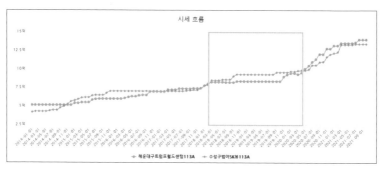

위 그래프는 해운대구트럼프월드센텀(15년차)과 수성구범어SK뷰(12년차)의 시세변화를 비교한 것이다. 2018년과 2019년에는 범어SK뷰 시세가 앞섰지만 2020년 이후부터는 트럼프월드센텀 시세가 앞서가는 것을 볼 수 있다. 이런 방식으로 다른 도시와도 상대적으로 비교해보면서 저평가여부를 판단한다.

대장아파트 가격이 저평가라고 판단될 때도 꼭 대장아파트에만 투자해야 하는 것은 아니다. 대장이 저평가되어 있다는 말은 그 밑으로 다 저평가되어 있다는 이야기다. 대장이 오르면 나머지 아파트들도 따라서 오르니 내 자금으로 투자 가능한 아파트를 검토하면 된다.

2 | 인천(293만) vs 부산(336만)

또 다른 예를 들어보겠다. 인천의 인구수는 293만이고 인천의 대장 아파트는 연수구, 즉 송도의 아파트다. 인구수로 비교하면, 인천은 부산보다는 인구수가 적지만 대구보다는 많다. 게다가 서울과 가깝다 (부산보다 말이다).

인천 대장아파트 가격이 부산 대장아파트 가격이랑 너무 차이가 난다면? 인천 송도 아파트와 부산 해운대 아파트의 가격을 비교해보면 인천이 부산의 상승을 따라가지 못하다가 최근 들어 맹렬히 추격하고 있음을 알 수 있다.

인천 송도센트럴파크푸르지오와 부산 해운대자이2차의 시세 비교

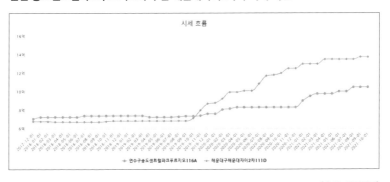

(출처: 알리알리)

위 그래프는 송도센트럴파크푸르지오(6년차)와 해운대자이2차(3년차) 시세를 비교한 것이다. 2018년까지는 시세가 비슷했는데 해운대자이2차가 먼저 치고 올라갔다. 주변 입주물량이나 상황에 따라서 시기가 달라질 수는 있지만 언젠가는 균형을 맞추게 되므로, 분명 송도도 해운대 시세를 따라가려 할 것이다. 그래프에는 다 반영되지 않았지만 2021년 10월 기준 송도센트럴파크푸르지오 호가는 15억 원, 해운대자이2차 호가는 14억 원 전후이니 결국 비슷하게 맞춰진 셈 이다.

현재는 도시의 급지에 비해 가격이 저평가되었더라도 시간이 지나 면 본래 도시 서열대로 가격이 형성되게 마련이다. 부산 아파트가 오를 때 해운대 아파트에 투자해도 되고, 그다음 급지 아파트에 투자해 도 된다. 시야를 넓혀서 아직 상대적으로 덜 오른 인천 송도에 투자할 수도 있다. 상대평가를 할 줄 알고 시야가 넓다면 이런 투자도 가능해 진다.

3 | 천안·아산 98만 vs 청주 84만

나에게는 청주에 사는 친구가 있는데, 아이들이 자라면서 학교에 갈 나이가 되다 보니 자연스레 아이들 교육하기 좋은 곳으로 이사를 고 려하게 되었다. 청주에서 가장 고가의 아파트는 신영지웰시티1차의 대형평형 아파트로 주변에 학원을 포함한 인프라가 가장 발달한 곳이 다.

친구는 2019년 초반에 신영지웰시티1차 대형평형을 매수해 이사 했다. 이사하면서도 지역 내에서 가장 비싼 아파트라 부담이 되었지 만 그래도 실거주 편의성을 위해서 결정했다. 다음은 당시 친구와 나

눈 대화다.

> 친구: 이 아파트는 너무 비싸서 부담스럽지만 그래도 샀어. 어차피 오
> 래 살 텐데 아이들 키우기는 여기가 제일 좋아서.
>
> 나: 정말 잘했어. 그 아파트가 물론 청주 안에서는 비싼 아파트가 맞
> 지. 그런데 다른 지역에 비해서는 지금 많이 저렴한 상황이거든. 청주
> 가 지금 입주물량이 많아서 지역 흐름이 하락 중이라 이 가격이지만
> 앞으로 오를 수밖에 없어.

천안 천안불당지웰더샵44평과 청주 신영지웰시티1차 59평의 시세 비교

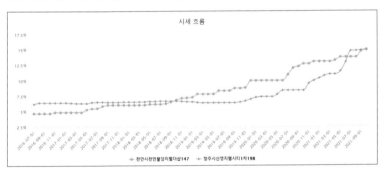

상승 시작 전 청주 아파트의 매매가가 더 높았다. 천안의 시세가 먼저 오르기 시작하면서 천안불당지
웰더샵 시세가 더 높아졌으나, 이후 청주의 시세가 오르면서 다시 역전됐다.　　　　（출처: 알리알리）

4 | 전주 65만 vs 천안, 청주, 군산 등

다른 예를 좀 더 살펴보자. 전주 에코시티가 단기간 내에 집값이 많이
올랐다. '입주물량이 줄어드는 시기에 완성되는 택지지구 = 오른다'
고 외우자. 택지지구는 완성되어 갈수록 가치가 높아지는데, 이때 앞

으로 해당 도시에 입주물량까지 줄어들면 택지지구가 먼저 빛을 발한다. 에코시티를 위시한 혁신, 만성, 에코, 효천 택지지구들 중심으로 가격이 오르기 시작하면서, 그 외 아파트들은 에코시티가 입주하는 동안 전세가도 눌리고 매매가도 눌려 있었다. 그러다가 에코시티가 많이 오르고 입주물량이 줄어들면서 다른 지역까지도 시세가 상승하기 시작했다.

한껏 분위기가 과열되다가 2020년 12월 조정지역으로 지정되며 규제를 받았다. 전주는 근 8년 동안 상승을 경험하지 못한 도시다. 그러다가 단기간 내에 급상승하다가 조정지역이라는 규제를 맞았으니 그 충격이 꽤 컸다. 그렇게 분위기가 뜨겁더니 한순간에 매수세가 끊기고 거래 없이 조용한 시기가 한참을 갔다.

전주에 사는 사람들은 "전주가 뭐라고 이 조그만 도시에 호재도 없는데 3억 원 하던 아파트가 6억 원, 7억 원씩 하느냐, 말도 안 된다. 외지 투자자들이 와서 가격을 다 올려놓아서 그렇지, 이제 조만간 가격거품이 다 빠지고 원래대로 돌아갈 것이다." 등등의 이야기가 많았다.

2020년 12월 전주가 조정지역이 되었을 당시 전주 부동산 카페에 글을 쓴 적이 있다. 다음은 그 글의 일부다(이 사례의 시세는 2020년 12월 당시의 시세다).

나는 학벌보다 돈이 좋습니다만

지금은 대장아파트 시세가 먼저 오르고, 나머지 아파트들이 뒤따라 오르는 장이지요. 그 대장아파트값은 전국 각지의 대장아파트와 연동해서 시세가 형성된다는 것이 키 포인트라고 봅니다.

'전주 대장아파트가 6억원이 말이 돼?'라는 생각보다는 '전주 대장아파트값은 어느 지역 아파트와 시세가 비슷해야 적정할까?' 이런 생각이 더 합리적이라고 보는 거지요.

광역시 아파트 국평 기준

부산	해운대자이2차	14억~16억원
대구	빌리브범어	16억~17억원
울산	문수로아이파크2차	13억원
대전	크로바	12억원

대구가 10억원 정도 할 때, 17억원 할 때, 20억원 할 때는 각각 상황이 다릅니다. 그에 비례해서 전주도 올라갈 여지가 생기죠(다른 지역도 마찬가지입니다. 전주는 또 광주를 잘 봐야겠지요).

직접적으로 연동하는, 전주와 비슷한 인구수의 도시들, 예를 들어 천안(인구 65만명) 대장아파트인 신불당은 호가가 10억원이 나오다가 최근 조정지역이 되고 나서 8.5억~9억원이 되는 것 같고요. 신불당 다음 정도 되는 입지가 현재 성성지구인데 성성푸르지오 2차 매물이 현재 6.5억원 정도에 나오고 있습니다.

전주 에코시티의 시세가 천안 1등이랑 동급일 순 없을 테고요. 2등 지역인 성성지구 아파트 시세와 비슷하게 갈 거라고 보고 있습니다.

청주(인구 84만명)의 청주지웰시티2차가 7억~8억원입니다. 전주와 청주를 비교하며 "청주는 호재도 있고 서울과 더 가까우니 오를 만하지만 전주는 오를 지역이 아니다."라는 이야기를 많이 하시던데 아무래도 전주 대장이 청주 대장한테는 지겠죠. 청주 대장아파트보다 살짝 못 미치게 따라가겠다는 정도로 생각하고요.

작은 도시와도 비교해 봐야죠. 군산(인구 26만명)의 경우 군산디오션시티가 5.3억원에 거래되었다는 이야기를 들었습니다. 그래도 전주가 군산보다는 비싸야 맞겠죠. 포항(인구수 50만명)은 포항자이가 6억원대인데 그래도 전주 대장이 포항자이보다는 살짝 위겠지요.

절대가격을 두고 비싸니 아니니 이야기하기보다는, 이렇게 다른 지역과 비교해보면서 파악하면 더 합리적이지 않을까 합니다.

도시별 인구수 (단위: 명)

서울특별시	973만	광주시	37만
부산광역시	341만	양산시	35만
인천광역시	296만	원주시	35만
대구광역시	244만	진주시	35만
대전광역시	147만	세종시	34만
광주광역시	146만	광명시	32만

수원시	119만	아산시	31만
울산광역시	115만	익산시	29만
고양시	107만	여수시	28만
용인시	106만	춘천시	28만
창원시	104만	순천시	28만
성남시	94만	군포시	28만
청주시	84만	하남시	27만
부천시	83만	군산시	27만
화성시	82만	경산시	26만
남양주시	70만	경주시	26만
전주시	65만	거제시	25만
천안시	65만	목포시	23만
안산시	65만	오산시	23만
안양시	57만	이천시	22만
김해시	54만	강릉시	21만
평택시	51만	충주시	21만
포항시	51만	서귀포시	18만
제주시	49만	서산시	17만
시흥시	47만	당진시	17만
파주시	45만	김천시	14만
의정부시	45만	제천시	14만
김포시	44만	통영시	13만
구미시	42만		

소도시 공략하기

　최근 수도권, 광역시 등 규모가 큰 도시의 시세가 급등하고 대부분 규제지역으로 지정되면서 투자의 흐름이 소도시에까지 미치고 있다. 이미 오른 지역에 투자하기 부담스럽다면 소도시도 충분히 투자 대상으로 고려할 수 있다.

　많은 사람들이 이미 오른 곳, 이미 좋은 곳만을 쳐다본다. "소도시나 제주도 같은 섬 지역은 위험하다. 상승하는 힘이 약하다. 투자는 서울에 하는 것이지 그런 작은 지방에 하는 것 아니다."라고 주장하는 사람들도 많다.

　하지만 2021년 한 해 동안 가장 많이 오른 곳은 1위 인천, 2위 경기도(외곽), 3위 제주다. 사람들이 소도시라고 무시하던 목포에서도 상급지는 상승을 시작했다.

소도시가 오른다고?

목포의 시세변화를 살펴보자. 대장입지인 오룡지구 오룡에듀포레푸르지오 34평은 2020년 12월 3억원 초반대에서 5억원 정도로 시세가 껑충 올랐다. 대장입지인 오룡지구만 올랐을까? 그다음 입지인 남악신도시의 아파트도 올랐다. 남악의 대장인 옥암동 우미파렌하이트는 46평 기준 4.5억원에서 5.3억원으로 올랐다. 인근 아파트들의 시세도 조금씩 상승했음을 짐작할 수 있다. 아직 목포는 상승 초기이니 올랐더라도 상위 30% 상급지 내에서 선택해도 시세차익을 기대할 수 있다(물론 이때 전세가와 매매가 갭 차이를 고려해서 선택해야 한다).

제주도의 시세변화도 살펴보자. 제주도의 대장아파트는 노형2차 아이파크다. 2020년 11월 7.8억원에 거래된 34평 아파트의 현재 시세는 12억원이다(매물이 잘 나오지 않고 거래건수가 많지 않아 정확한 시세를 알기 어렵다). 학원가에 있는 대림e편한세상 2차 46평 아파트는 2020년 11월 9억원에 거래되었는데 현재 시세는 13억원이다(실거래 완료).

강원도는 어떨까? 강원도 원주 혁신도시에 위치한 힐데스하임 5단지의 시세는 2020년 12월 3.5억원이었는데 현재는 5억원대다.

요점은 인구 적은 지방도시라고 무시하고 대도시만 고집할 필요는 없다는 것이다. 투자의 기회를 꼭 서울에서만 찾을 필요는 없다. 물론 소도시일수록 인구가 적고 그만큼 수요가 적기 때문에 대도시보다는 리스크가 있는 것이 사실이다. 하지만 앞으로의 입주물량, 미분양추이, 다른 지역과의 저평가 여부를 고려하여 상급지에 투자한다면 충분히 안정적인 투자가 가능하다.

소도시의 경우 특히 상급지에 투자하는 것이 안정적이다. 도시가 크면 입지가 조금 떨어져도 수요가 받쳐주지만, 소도시는 도시가 작아서 입지가 떨어지는 곳은 오르는 힘도 약하고 매도도 힘들 수 있다.

소도시 투자를 결정하기까지 고려해야 할 것들 📖

"언니 혹시 소액투자할 만한 곳 추천해줄 수 있어?"

가깝게 지내는 동생이 얼마 전 투자문의를 해왔다.

"소액이면 얼마 정도?"

"3,000만~5,000만원 정도? 알잖아. 나 작년에 실거주 집 장만하느라 여유자금은 이게 거의 다야."

"찾아보면 있기는 한데 투자금이 더 있으면 좋지. 주식을 정리하든 신용대출을 조금 더 받든 아무래도 투자금이 더 있으면 유리하지."

"그럼 8,000만원 정도 마련할 수 있을 것 같아."

"오케이. 일단 찾아보자. (중략) 너는 서울(조정지역)에 집이 한 채 있고 실거주로 오래 살 계획이니까 두 번째 주택은 아무래도 지방 비규제지역에 투자하는 게 낫겠어. 투자금 8,000만원으로는 아무래도 대도시를 공략하기 어렵기도 하고 조정지역에 두 채면 나중에 팔 때 양도세가 중과되니까. 이번에 사는 두 번째 집은 순수한 투자목적으로 지방 비규제지역에 투자하고 2년 뒤에 일반과세로 매도하는 것을 목표로 하자."

광역시나 규모가 큰 지방 도시는 작년, 재작년에 많이 올랐다. 게다가 세금 때문에 1주택자 이상인 투자자가 조정지역에 투자하기는 부담스럽기에 상승흐름이 비규제지역으로 퍼지는 중이다.

마산, 김해 등지는 비규제지역 중에서도 도시규모가 큰 지역이고 목포, 서산, 당진, 경주 등지는 소도시다. 규모가 클수록 안정적이기에 마산, 김해 정도 급의 도시는 소도시보다는 상대적으로 안정적인 투자처로 볼 수 있다.

소도시는 예전 같으면 위험하니까 투자처로 고려도 안 했던 곳이지만, 투자는 옛날만 생각하면서 예전 기준을 들이대면 안 되는 것 같다. 단, 도시 규모가 작을수록 투자기간도 짧고 상승폭도 적을 수 있다. 아무래도 가격이 흔들리기 쉽고 투자자들이 우르르 들어왔다가 빠져나가면 분위기가 출렁거릴 수도 있다.

이런 리스크가 있긴 하지만 현재는 전국 소도시까지 상승흐름이 쭉 퍼져나가는 상황이다. 소도시는 되도록 아예 대장아파트, 상급지에만 투자하는 게 안정적이다. 소도시도 저렴한 곳까지 흐름이 다 퍼질 수도 있겠지만 초보자일수록 안전한 게 중요하니까.

꼭 비규제지역에만 투자해야 하는 것은 아니다. 전주나 청주도 좋다. 조정지역이긴 해도 공시지가 3억원 이하인 아파트는 양도세 중과가 안 되기 때문이다. 조정지역이라 취득세는 8%를 내야 하지만 앞서 이야기한 비규제지역보다 규모가 더 큰 도시라서 수요가 더 풍부하고 안정적일 수 있다. 청주, 전주는 작년에 상급지와 신축 입지가 많이 올라서 지금은 2군, 3군 입지, 공시지가 1억원 이하 아파트, 재개발 등에 흐름이 와 있다. 그러니 2군 정도 입지에 투자하는 것도 좋은 전략이다.

목포는 신축에다 택지지구인 오룡지구가 대장지역이다. 당연히 오룡지구에 투자할 수 있으면 좋은데, 이미 상승이 시작되어서 투자금이 지금 자금으로는 부족해 보인다. 대신 오룡지구 옆에 남악신도시를 공략해보는 것도 좋은 방법이다. 소도시라서 불안한 면은 있지만 지역 내 상위입지이고, 다른 지역에 비해 최근에야 상승을 시작해 타 지역 대비 상대적으로 저평가 상태라서 충분히 투자 가능한 지역이다.

경주도 대장인 에일린의 뜰 분양권 정도 급으로 들어가는 것이 소도시이지만 안정적으로 시세차익을 거둘 수 있을 것으로 보인다. 소도시라는 단점은 있지만 대장아파트는 기대했던 것보다 많이 오를 가능성이 열려 있다는 장점도 있다. 즉, 용의 꼬리보다는 뱀의 머리가 낫다.

"참, 빼먹을 뻔했는데 진주도 있었네! 진주도 요즘 상승흐름이 한창 오는 중이야. 평당가 순으로 정렬해서 내 투자금으로 가능한 투자처를 고르는 게 가장 빨라. 내 투자금으로 가능한 아파트가 지역에서 30% 이내의 입지라면 안정적으로 투자할 수 있어."
"많이 올랐던데 지금은 좀 더 기다려볼 때 아니야?"
"아니, 오르긴 했지만 지금이라도 해야 할 때지. 지금은 인구가 적은 소도시까지 다 흐름이 뻗어가는 장이거든. 이미 많이 올랐다고 손 놓고 있을 것이 아니라 뭘 사도 적당히는 다 오르는 시장이야. 대신 우리는 안전하게 투자하자고. 이상한 거, 싼 거, 나중에 팔기 힘든 거 이런 거는 빼고."
"투자처가 여러 군데 있으니까 고르기 어렵네."
"몇 군데 투자처 중에 전화해서 매물도 받아보고, 내 자금으로 투자가 가능한

지도 가늠해 보고, 마음에 가는 곳이 있으면 직접 가서 최종적으로 결정하면 되겠지. 몇 군데 보면서 비교해 봐도 되고. 의외로 전화해 보면 매물이 이미 없기도 하고, 매매가가 살짝 올라서 투자금이 부족하기도 하고, 실제로 알아보기 시작하면 투자처가 좁혀질 거야."

너무 여러 곳을 보면 선택지가 많아서 오히려 못 고른다. 계속 알아보기만 하면 결정을 못 하니까, 어느 정도 알아보고 나면 여기까지가 내 인연인가 보다 하고 그 안에서 골라야 한다.

"언니, 투자처 보다 보니까 청주 1억원대 아파트 ○○아파트가 맘에 드는데 여기는 어때?"
"공시지가 1억원 이하 아파트인데, 이미 가격이 좀 오른 것 같긴 해. 하지만 워낙 청주 전역이 다 오르고 있으니까. 아마 더 오르긴 할 거야."
투자성향에 따라서 다르지만, 인기 있는 것을 해야 나중에 팔기가 좋다는 관점에서 해당 아파트는 까다로운 투자처다.
"세입자와의 갈등 가능성 면에서나 관리의 수월함 면에서도 조금은 고생길이긴 해. 1억원대 아파트는 막상 가보면 집 상태가 좋지 않을 테고, 수리해야 할 수도 있거든. 물론 1억원대 아파트에 전세 사는 사람 중에도 좋은 분들이 많지만, 돈과 관련되면 좀 민감해져서 아무래도 관리하기 힘든 일이 많을 수 있어."
"전혀 생각하지 못한 부분이네."
"그래서 지방에서도 이왕이면 좋은 곳에 투자하는 것을 추천하는 거야. 게다가 넌 초보투자자니까."
"그러게. 언니가 추천해준 곳은 내가 이사 가서 살아도 좋을 것 같은 마음이 들더라."

그 동생은 경주의 대장아파트 분양권을 구입했다. 3,000만원으로 어떻게든 투자하려고 했으나 여러 경로를 통해 8,000만원으로 자금을 늘렸고, 경주에서 자부심을 느끼며 살아갈 만한 아파트의 주인이 되었다. 비록 실거주 확률은 적지만, 어느 지역에 대장아파트를 가지고 있다는 것은 자산 인플레의 안전장치가 되어주는 동시에 또 다른 투자의 밑거름이 되어줄 것이다.

부자들은 이미 아는 부동산 상식들 __

사람들이 선호하는 입지, 평형부터 오르며 흐름이 퍼져나간다

사람들이 선호하는 입지인 1군이 충분히 오른 뒤에 다음 입지인 2군이 오르기 시작한다. 2군까지 충분히 오르고서야 3군이 오른다. 수도권으로 예를 들면 강남이 오르고 나서 몇 달이 지나면 판교, 분당이 오른다. 또 몇 달이 지나면 광교, 용인이 오르며 경기 외곽으로 흐름이 점차 퍼져나간다. 그 흐름을 이해하면 A지역이 오르는 것을 보고 다음 흐름을 예측할 수 있다. 또한, 한 지역을 이렇게 이해하고 나면 다른 지역도 같은 원리로 상승하므로 다른 지역의 흐름을 이해하기에도 좋다.

34평 국평이 먼저 오르고 소형, 대형이 오른다. 가장 무난하고 대중적인 평형이 먼저 오르기 시작하고 나서야 대형이 오른다. 입지에 따라 소형 수요가 있는 경우는 소형도 초기에 같이 오르고 (역세권, 출퇴근하는 직장인 수요가 많은 아파트) 상급지 특히 지방의 경우는 대형 아파트가 일찍부터 오르기도 한다. 오를 때 다 같이 오르는 것 같지만 평형별로도 오르는 시기가 다르다. 원하는 입지의 34평이 이미 많이 올랐다 하더라도 대형평형은 아직 안 올라서 매수타이밍일 때도 있다.

지방과 수도권은 교통의 중요도가 다르다

서울 등 수도권은 직장과 집의 위치에 따라 출퇴근 소요시간에 차이가 많이 난다. 자연히 출퇴근하기 좋은 곳, 즉 교통이 발달한 곳, 역세권에 대한 선호도가 높다. 또, 교통이 앞으로 획기적으로 좋아질 곳이라면 시세가 크게 오르기도 하고 입지우위가 바뀌기도 한다.

지방은 사정이 좀 다르다. 수도권에서는 정말 중요한 것이 역세권이지만 지방은 지하철이 아예 없는 곳도 많다. 지하철이 있다 하더라도 지하철 의존도가 높지 않고 교통체증이 심하지 않아 차로 출퇴근하기 편한 곳도 많다. 내가 살던 대구만 하더라도 30분이면 웬만한 곳은 출퇴근이 가능했다. 따라서 지방은 출퇴근의 용이한 곳보다는 학군지이거나 쾌적한 곳이 더 좋은 입지가 되는 경우도 많다. 또, 지방의 경우는 소형평형보다는 중형(33평) 이상을 선호하니 되도록 중형 이상에 투자하는 것이 좋다.

같은 투자금이라면 되도록 평형이 큰 것이 좋다

아파트가 오른다는 것은 결국 평당가가 오르는 것이다. 평당 100만원이 오른다고 가정하면 24평은 2,400만원/ 34평은 3,400만원/ 50평은 5,000만원이 오르는 셈이다. 특히 상급지의 대형은 더 크게 오를 수 있다. 지역 내의 돈 많은 사람들이 살고 싶어 하는 아파트이기 때문이다. 1급지와 다르게 2급지의 대형은 애매할 수 있으나 지역이 전체적으로 상승하면 흐름이 대형까지 오므로 1급지가 많이 오르고, 2급지 중소형이 이미 많이 오른 상황에서 2급지 대형평형이 그다지 오르지 않았다면 2급지 대형도 좋은 선택이다.

신도시, 택지가 위력이 강하다

사람들은 깔끔하고 정비된 곳을 좋아한다. 신도시가 완성된 모습을 상상해보자. 신축 아파트, 세련된 커뮤니티, 새로 생긴 상가, 깔끔하게 정비된 거리, 새로 생긴 도시기반시설, 계획하에 만들어진 넓은 공원과 호수. 게다가 신도시는 대체로 교통 호재와 일자리 호재를 끼고 있다. 즉, 신도시는 애초부터 잘되게끔 만들어져 있다.

하지만 신도시를 분양할 무렵에는 이런 모습을 상상하기 힘들다. 계획된 대로 모두 완성되리라는 확신도 없다. 직접 가보면 허허벌판에 공사차량만 돌아다닌다. 아파트가 완공되고 입주를 시작하더라도 아파트만 덩그러니 있고, 상가나 다른 시설들은 여전히 공사 중인 경우도 많아서 초기에는 살기 불편하다.

게다가 그 신도시 주변에 오랫동안 살던 사람들이 보기에 신도시가 들어오는 입지는 정말 형편없는 곳이다. "거기 예전에 ○○밭이었어. 오래된 공장 있고 과수원이었던 곳인데 거기 누가 들어가서 살아? 거기 교통도 안 좋고 아무것도 없는데. 우리 동네가 거기보다는 훨씬 낫지."

그래서 신도시는 처음에는 초라하게 시작되고 끝에는 화려하게 마무리된다. 신도시는 공급량과 입주물량이 많지만 도시가 완성되어 갈수록 시세가 올라간다(입주물량이 많아서 전세가는 낮지만, 도시가 완성돼갈수록 가치가 높아지므로 시세는 오를 가능성이 높아진다).

욕세권 아파트가 오히려 더 많이 오른다

욕세권이라는 신조어가 있다. 역세권은 역 근처의 아파트, 병세권은 병원 근처의 아파트, 슬세권은 슬리퍼 신고 나가면 웬만한 상권이 다 있어서 편리한 아파트, 초품아는 초등학교가 단지 내에 혹은 가까이에 있어서 초등학생 자녀를 키우기 좋은 아파트다.

그런데 욕세권은? 욕, 비난, 비판 등을 듣는 아파트다. 사람들이 자주 이야기하면서 비난하는 아파트가 오히려 가격이 많이 오르내리는 모습을 빗대어 욕세권이라는 신조어가 생겼다. 사람들 입에 많이 오르는 것 자체가 관심을 많이 받는다는 증거다. 비난은 "주로 ○○한 것에 비해서 너무 비싸다. ○○한 것 가지고 너무 잘난 척한다. 세대수가 너무 많다." 류인데 결국 가격은 부담스럽지만 갖고 싶다는 뜻이다.

고분양가 논란이 있어도 긍정적으로 검토해야 할 때가 있다

입지가 좋고 상품성이 좋은 아파트의 경우 지역주민들이 깜짝 놀랄 비싼 가격에 분양하는 경우가 많다. 고분양가 논란이 있더라도 '사람들이 부러워할 만한 좋은 입지, 공원·호수·바다 등의 좋은 전망, 구축밭의 신축(입지는 좋으나 오래된 아파트만 있다가 신축이 들어서는 경우), 브랜드 대단지'인 경우는 긍정적으로 검토해보자.

5장

포지션별
투자전략

세금 이해하고
투자 시작하기

큰돈인 만큼 알아야 할 게 많은 것이 당연하다

부동산 투자에는 진입장벽이 많다. 일단 일상생활에서 운용하는 돈의 크기보다 훨씬 큰돈을 움직여야 하니, 큰 금액이 오고 간다는 점에서 부담이 된다. 맨 처음 투자를 시작하면서 매매계약금을 이체할 때 얼마나 떨리던지……. 평소 네이버쇼핑에서 최저가를 검색해서 사는 금액은 기껏해야 몇만원 단위인데 부동산을 매수할 때는 몇억원 단위 금액을 거래하니 말이다.

그리고 낯설다. 분명 우리 모두 집에서 살고 있고 이사도 가야 하고 내 집 마련도 해야 하니 부동산은 떼려야 뗄 수 없는 관계인데, 희한하게도 참 낯설고 어렵게 느껴진다. 또 투자 공부도 해야 하는 데다가, 투자를 진행하는 과정에서 사람도 상대해야 한다. 부동산 중개소

소장님, 매도자(나중에 팔 때는 매수자), 세입자, 혹은 집수리를 해야 한다면 수리 관련 업체 사람들, 등기할 때는 법무사 등등.

공부, 투자처 선정, 사람 상대하는 접점들, 의사를 결정해야 하는 것 등 모든 것이 신경 쓸 일투성이로 느껴진다. 게다가 세금 공부까지 할 생각을 하면 시작하기도 전에 한숨부터 나온다. 하도 자주 바뀌고 규제가 많아서 세무사도 어려워한단다.

양도세 걱정을 한다 = 많이 벌었다

"양도세를 많이 내야 한다. 세금 내면 남는 것도 없다. 종부세가 너무 많이 나와서 집값은 올랐는데 기쁘지도 않다. 힘들어 죽겠다. 이제는 취득세가 중과되니 추가로 투자하기도 힘들어졌다. 좋은 시절은 이제 다 지나갔다." 이런 이야기를 하도 많이 듣다 보니 시작도 하기 전에 겁부터 난다.

그런데 참 아이러니한 일은 투자자들은 "세금 내면 남는 것도 없다. 세금이 너무 복잡하다."라고 투덜거리면서도 계속 투자하는 반면에, 무주택자나 1주택자들은 무서워서 집 살 엄두를 못 낸다는 것이다.

무서워서 못 하는 것, 이것이 진입장벽이다. 이렇게 진입장벽이 있는 것, 남들은 겁나서 잘 못 하는 것을 해야 돈이 된다. 이런 영역일수록 내가 한 수고와 책임지고 실행한 것에 대한 보답이 크다. 부담 없고 아무나 할 수 있고 쉬운 영역이 돈이 된다면 모두가 다 돈을 잘 벌 것 아닌가.

부동산 투자에서는 꼭 1등을 해야만 잘하는 것이 아니다. 부동산에 참여하는 사람들의 절대다수가 일반인이다. 모두가 주택에 거주하고 있고 어떤 형태로든(자가, 전세, 월세) 주택시장에 참여하고 있다. 하지만 대부분이 부동산 공부를 하지 않는다. 이런 일반 사람보다 조금 더 부동산 공부를 하고 부동산 시장을 관심 있게 지켜보는 것, 그러면서 통찰력을 기르는 것만으로도 투자에 성공할 확률이 높은 종목이 부동산이다. 특히 아파트가 더 그렇다.

부동산 공부도 굵은 줄기를 이해하고 거기에 살을 붙여가면서 이해하는 것이 수월한 것처럼 세금도 마찬가지다. 부동산과 관련한 세금은 크게 취득세, 보유세, 양도세의 세 가지로 나뉜다.

취득세

취득세는 부동산을 취득할 때 내는 세금이다. 5억원짜리 집을 산다면 그에 대한 취득세를 내야 한다. 네이버에 '부동산 취득세 계산기'라고 검색하면 취득세 계산기가 나온다. 주택과 주택이 아닌 종목에 따라서 취득세가 다르다.

비주택은 취득세가 4.6%(법인의 경우 예외사항 있음)이고 주택은 매매가와 평형에 따라서 취득세율이 달라진다. 1주택의 경우 6억원 이하는 1%, 6억~9억원 사이는 1~3%, 9억원 초과는 3%다. 예전에는 주택의 취득세와 주택 보유수가 관계없었으나, 2020년 7월 10일 규제 이후로 주택 보유수가 늘어나면 취득세가 중과되도록 바뀌었다.

이전까지는 주택을 여러 채 사서 보유하다가 시세차익이 나면 파는 방법이 가장 일반적인 투자방법이었다. 하지만 취득세 중과 규정이 생기면서 다주택자들이 추가로 주택에 투자하기가 부담스러워졌다.

취득세 개정(2020년 7월 10일 기준)

주택수		개정 전	개정 후	
			조정대상지역	비조정대상지역
개인	1주택	주택 금액에 따라 1~3%	6억원 이하: 1%	
			6억~9억원: 1.1~2.99%	
			9억원 이상: 3%	
	2주택		8%	1~3% (1주택과 동일)
	3주택		12%	8%
	4주택 이상	4%	12%	12%
법인		주택 금액에 따라 1~3%	주택수, 지역 구분 없이 일괄 12%	

만약 5억원짜리 집을 사려면 예전에는 5억원에 대한 취득세로 1%인 500만원만 내면 되었는데, 이제는 다주택자라면 12%인 6,000만원을 취득세로 내야 한다. 물론 5억원짜리 집이 7억원으로 오른다면 취득세를 내고도 시세차익이 난다. 이렇게 시세차익이 크게 날 것으로 기대한다면 취득세를 내고서라도 투자를 진행할 수 있지만 또 다른 복병이 있다. 규제지역이라면 나중에 팔 때 양도세 중과규정도 있다(이 내용은 뒤의 양도세 부분에서 설명하겠다).

취득세 중과 규정이 생기니 어떤 일이 벌어졌을까? 사람들이 더 이상 투자를 하지 않아 집값이 잡혔을 거라고 생각했다면, 그것은 너무 순진한 생각이다. 주택투자 트렌드가 변했다. 한 채를 사서 이익을 크게 남기는 것이 더 유리해졌다. 예전처럼 투자금을 쪼개어 여러 채를 사면 취득세도 많이 내야 하고, 팔 때도 양도세 중과로 이익이 줄어든다. 한 채를 사면 취득세 중과도 없고, 이익이 크게 나면 비과세나 일반과세로 양도세 중과 없이 팔 수 있다. 게다가 종부세 측면에서도 유리하다.

이런 연유로 2020년 7.10 대책 이후로 똘똘한 한 채가 더더욱 부각되면서 서울, 수도권 중심지 집값이 크게 올랐고 지방광역시 상급지 아파트값도 급등했다. 결과적으로는 시장의 풍부한 유동성을 한쪽으로 확 몰아준 셈이다.

또한, 똘똘한 한 채가 크게 오른 이후에는 취득세 중과를 피해 공시지가 1억원 이하 투자가 대세로 떠올랐다. 공시지가 1억원 이하 아파트는 주택 수에 관계없이 취득세가 여전히 1%이기 때문이다.

보유세

보유세에는 재산세와 종부세(종합부동산세)가 있다.

재산세는 보유한 부동산마다 부과되는데 매년 6월 1일 소유주 기준으로 부과된다. 만약 9월에 집을 팔았다면, 6월 1일 기준으로 그 집을 소유하고 있었으므로 그 해의 재산세는 내야 한다. 5억원짜리 집을 소유하고 있다면 '대략 50만원쯤 일 년에 두 번 나오겠거니' 하고 있다가 고지서가 날아오면 기계적으로 내는 편이다. 재산세 산정 공식까지 알 필요는 없으니 대략적인 금액만 알고 준비하자. 홈택스 '나의 세금 미리 계산하기'에 가면 모의계산이 가능하며 20만 원 미만인 경우 7월에 한 번, 20만 원 이상인 경우 7월과 9월 두 번으로 나누어 납부하게 된다.

종합부동산세는 주택에 부과되는 세금이다. 종합합산토지(나대지·잡종지 등)와 별도합산토지(상가·사무실 등)는 각각 5억원, 80억원을 초과해야 종부세 과세대상이지만 이 책에서는 생략하겠다. 아파트에는 공시지가라고 해서 세금을 부과하기 위한 기준이 되는 자료가 있다. 아파트의 시세는 시시각각 변화하므로 매년 공시지가를 산정해서 그것을 기준으로 세금을 부과한다.

1주택자가 공시지가가 11억원이 넘는 주택을 소유하고 있다면 종부세를 내야 한다. 공동명의라면 부부 각 6억원 이상부터 부과된다. 간혹 종부세를 내면 큰일 나는 줄 아는 사람들이 있는데, 공시지가가 11억원이 조금 넘는다고 해서 어마어마하게 종부세를 내는 것은 아니다. 2주택자부터는 소유한 주택의 공시지가 합이 6억원이 넘으면 종부세를 낸다.

예를 들어 계산해 보자. 매매가는 12억원이고 공시지가는 9.5억원인 주택을 소유한 1주택자의 경우 재산세를 75만 6,000원씩 두 번 낸다. 1년 총합계는 151만 2,000원이다. '재산세 계산기'를 검색해서 공시지가를 입력하면 알 수 있다. 1인당 6억원이 공제되므로 종부세는 부부가 공동명의로 소유한 경우라면 부과되지 않는다. 단독명의 1주택인 경우도 11억원까지 공제되므로 종부세는 부과되지 않는다.

종부세 모의계산

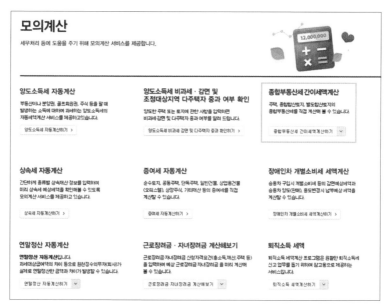

시세 25억원, 공시지가 16억원인 주택의 종부세는 얼마일까? 홈택스 '종부세 모의계산하기'에 입력해보면 간단히 알 수 있다. 단독명의로 1주택을 소유한 경우의 종부세는 264만원, 공동명의로 소유한 경우는 145만원이다(공동명의인 경우 개인 상황에 따라 세액이 다르다).

부동산 투자의 기대수익은 최소 몇천, 몇억원 단위다. 재산세든 종부세든 몇백만원 내는 게 두려워서 몇천 또는 몇억원의 기대수익을 포기할 이유는 없지 않을까.

고가주택을 보유할수록, 재산이 많을수록 감당해야 할 것들이 많다. 그리고 감당해야 자산이 늘어난다. 아무것도 감당하지 않고 자산가가 될 수는 없다. 물론 자산을 늘리는 것도 본인이 감당할 수 있는 선에서 해야 한다. 직접 계산해서 감당할 수 있는지 없는지 저울질해보고 결정하자. 제대로 알아보지도 않고 사람들 이야기만 주워듣고 막연한 두려움에 포기하는 일은 없도록 하자.

양도세

양도차익, 즉 시세차익이 난 부분에 대한 세금이다. 집값이 안 올랐거나 하락했다면 당연히 양도세도 없다.

양도세는 일반과세가 가장 기본이다. 일반과세율표부터 먼저 이해하자.

양도세 일반과세율표

과세표준 구간	세율	누진공제
1,200만원 이하	6%	-
1,200만원 초과~4,600만원 이하	15%	108만원
4,600만원 초과~8,800만원 이하	24%	522만원
8,800만원 초과~1억 5,000만원 이하	35%	1,490만원
1억 5,000만원~초과 3억원 이하	38%	1,940만원
3억원 초과~5억원 이하	40%	2,540만원
5억원 초과	42%	3,540만원

2년 이내 단기 매도

주택을 보유한 지 2년이 지난 뒤 팔아야 위의 일반과세율을 적용받는다. 2년 이내에 팔면 1년 이내는 양도소득의 70%, 1~2년은 60%를 양도세로 내야 한다.

집을 사고 나서 1년 이내에 다시 팔면 큰일 날까? 다시 한번 말하지만 양도세는 집값이 안 오르면 안 낸다. 양도세를 낸다는 것은 기본적으로 시세차익이 났다는 것이니 큰일이 나거나 손해를 보는 상황은 아니다. 단지 세금을 많이 내니까 속상하다는 이야기일 뿐 벌긴 번 것이다.

예를 들면 5억원에 집을 샀는데 피치 못할 사정이 생겨서 1년 이내에 팔게 되었다. 1년 만에 6억원으로 올랐다면 시세차익은 1억원에서 취득세와 부동산수수료 등을 뺀 약 9,000만원이다. 양도세가 9,000만원의 70%(정확하게는 지방세 포함 77%)인 6,930만원이니 2,070만원이 남는다.

집 팔아도 남는 것이 없다고들 흔히 말하지만, 세금으로 많이 나가긴 해도 손해 보는 것은 아니다. 남긴 남는다.

일반과세

이제 일반과세를 이해해 보자. 2년 이상 보유했고 일반과세율을 적용받는 상황에서 시세차익이 1억원이 났다고 가정해보자. 1년에 1인당 250만원 세액공제가 되므로 1억원에서 250만원을 뺀 금액인 9,750만원이 과세기준금액이다. 앞의 표에서 8,800만~1억 5,000만원에 해당한다. 계산해 보면 9,750만원 × 0.35 - 1,490만원 = 1,922만 5,000원이 양도세다. 정확히는 지방소득세가 10% 추가되어 2,114만 7,500원을 양도세로 내야 한다.

일반과세율 표를 보면 양도차액이 클수록 세율이 올라간다. 많이 벌면 세도도 커지는 것이다. 세율이 커진다고 해서 적게 오르길 바라는 사람은 없기를 바란다. 아무리 세율이 커져도 많이 오르면 더 번다.

흔히 부부 공동명의로 사는 것이 세금 면에서 유리하다고 이야기하는데 양도세에서 특히 유리하다(그 외에는 종부세에 유리).

시세차익이 1억원이 난 주택이 있는데 부부 공동명의라면 한 사람당 각각 계산한다. 부부 중 한 명의 시세차익이 5,000만원이니까 250만원 세액공제를 받은 4,750만원이 기준금액이 된다.

앞의 표에서 4,600만원 초과~8,800만원 이하에 해당하므로 세율은 24%, 누진공제액은 522만원이다. 즉, 4750×0.24-522만원=618만원이 한 사람당 세금이므로 부부의 총 세금은 618×2=1,236만원이다. 정확하게는 지방세가 10% 추가되어 1,359만 6,000원이 되므로, 앞서 1인 명의였을 때보다 750만원가량 세금을 적게 낸다.

양도세 중과

최근에 많은 사람들이 힘들다고 토로하는 것이 양도세 중과다. 많이 올랐어도 팔아봤자 남는 게 없다는 이야기도 여기에서 나온다. 그런데 이런 말을 하는 사람들은 최소 주택이 두 채 이상이라는 것을 눈치챘는가? 중과가 되면 어떻게 되기에 다들 이 난리인 걸까? 중과 대상 주택이 2주택이라면 기본세율에서 20% 추가, 3주택 이상이라면 기본세율에서 30% 추가된다.

예를 들어 중과 대상 주택이 2주택인데 매도하려는 집이 2억원이 올랐다면, 원래는 세율이 38%다. 하지만 20%가 중과되면 세율이 58%로 올라간다.

3주택이라면? 세율이 38%에서 68%가 된다. 물론 남기는 하겠지만 세금이 더 많으니 속이 쓰릴 수밖에 없다. 게다가 팔았을 때 손에 쥐는 것이 별로 없으니, 팔고 나면 지금 보유한 금액대의 주택을 다시 사기도 힘들다. 그러니 팔기가 어려운 것이다. 3억원을 벌었다고 생각했는데 70%에 가깝게 세금을 내고 나면 1억원 정도가 남으니 씁쓸할 수밖에.

하지만 씁쓸하든 서운하든 안 하는 것보다는 훨씬 낫다. 게다가

3주택을 보유하고 있다면 3주택 중 1주택을 팔 때는 양도세가 30% 중과되지만, 나머지 2주택 중 1주택을 팔 때는 20% 중과된다. 남은 1주택을 팔 때는 일반과세율을 적용받는다. 기간을 잘 맞추면 비과세를 받을 수도 있고 두 주택 모두 일반과세를 적용받을 수도 있다. 양도세 중과로 힘들다고 투덜거리는 사람도 많지만, 알고 보면 시세차익에 비해 세금이 과해서 기분이 나쁜 것이지 돈은 번 것이다.

양도세 중과 주택이 무엇인지를 이해해야 '왜 사람들이 공시지가 3억원 미만의 집과 비규제지역에 투자'하는지 이해할 수 있다. 양도세 중과는 중과 대상 주택이 2채 이상이어야 적용되는 규정이다. 어떤 집이든 2채 있다고 다 중과되는 것은 아니다. 주택이 여러 채 있어도 비규제지역의 주택을 팔 때는 양도세 중과가 되지 않는다. 혹은 조정지역 내 주택이어도 광역시나 특별시 내에 있지 않고 공시지가 3억원 이하의 주택을 팔 때는 양도세가 중과되지 않고 일반과세가 적용된다. 그래서 지방 조정지역 내의 공시지가 3억원 이하 아파트나 비규제지역에 사람들이 투자를 많이 하는 것이다.

일시적 1가구 2주택 비과세, 양도세 중과 등의 내용은 따로 공부해두는 것이 좋다. 부동산 세금에 관해서는 닉네임 〈제네시스박〉, 〈미네르바올빼미〉님이 인지도가 높으니 관련 책이나 블로그, 유튜브를 보면서 더 상세히 공부하기를 추천한다.

법인 활용하기

대부분의 경우 법인이 생소할 것이다. 나 역시 '법인'이라는 것을 이해하기가 처음엔 힘들었다. 법인은 개인과 독립된 별개의 인격체다. 법인으로 아파트가 10채가 있어도 내 명의로 된 아파트가 없으면 나는 무주택자다. 내가 무주택자인데 도저히 청약당첨의 기회를 포기할 수 없다면, 계속해서 청약을 노리고 대신 법인으로 투자할 수 있다.

내가 살고 있는 집이 시세가 많이 올라서 비과세를 받으면 혜택이 큰데, 추가로 주택을 사면 비과세가 안 되어 이도 저도 못하는 상황이라면 개인 명의로는 비과세를 받고 법인으로 더 투자할 수도 있다.

법인이 개인과 다른 점

개인 명의로 사면 주택의 경우 2년 이내에 팔면 양도세가 60~70%지만 법인의 시세차액에 대한 세금은 보유기간과 아무 상관이 없다. 개인으로 주택을 보유했다가 양도하면 양도세를 내지만, 법인의 경우는 주택을 샀다가 파는 매매업으로 보고 해당 사업의 이익금에 대해 세금을 내는 개념이다.

법인이 주택매매를 해서 수익이 나면 법인세와 추가과세를 낸다. 추가과세는 양도차익의 20%, 법인세는 법인수익에서 운영자금을 뺀 금액의 10~20%다(1년 순이익 2억까지는 법인세 10%, 2억 이상부터는 법인세 20%).

2021년 한 해 동안 법인 아파트의 시세차익이 3억원, 경비가 1억원이라고 가정해보자. 이 경우 법인은 법인세와 추가과세를 낸다.

추가과세는 시세차익 3억원의 22%인 6,600만원.

법인세는 3억원에서 경비 1억원을 뺀 2억원의 22%인 4,400만원(순이익 2억원까지는 22%).

합계는 1억 1,000만원이다.

3억원의 시세차익에서 경비 1억원, 세금 1억 1,000만원을 제하면 순이익은 9,000만원이다.

법인의 경우 종부세가 높아서 경비가 많이 소요되므로 주의해야 한다.

2020년 규제 이후 2021년부터 법인이 소유한 주택의 종부세율이 높아졌다. 조정지역 1채 혹은 비규제지역 2채 소유인 경우에는 종부세가 공시지가의 3%(지방세 포함 3.6%)이고, 3채 이상 소유하거나 조정지역에 2채 이상 소유한 경우에는 공시지가의 6%(지방세 포함 7.2%)를 종부세로 내야 한다. 예를 들어, 규제지역에 공시지가 4억원인 아파트를 2채 소유하고 있다면 매년 5,760만원의 종부세를 내야 한다.

부동산 상승장이 길어지면서 규제가 많아지니 법인 투자가 유행하게 되었다. 2019년부터 2020년까지 법인투자가 많이 늘었는데, 2020년 6.17 대책과 7.10대책으로 인해 법인이 규제를 받으면서 주택투자에 있어서는 법인투자가 유리하지 않다. 하지만 법인에 대해 알고 있으면 본인의 상황에 맞게 유리한 부분을 취할 수 있으니, 적극적으로 투자할 계획이라면 공부해 두는 것을 추천한다.

2022년, 법인으로 부동산에 투자한다면? 📖

현 시점에서 법인으로 주택에 투자하는 것은 개인에 비해 유리한 점이 없다 해도 과언이 아니다. 취득세도 주택수와 무관하게 12%인 데다가 종부세율도 높고, 매매차익에 대해서도 법인세(10~20%)에 추가과세 20%까지 내야 한다. 그나마 유리한 점이 있다면 개인명의로는 보유기간 2년을 채워야 일반과세율을 적용받는데 법인의 경우 보유기간과 세금이 무관한 것이라고 할 수 있겠다. 이 점을 이용해 단기 시세차익을 노리고 투자했다가 시세가 오르면 바로 파는 전략을 쓰기도 하는데, 이마저도 취득세 12%를 감수하거나 공시지가 1억원 이하 투자처를 찾아야 한다(법인일 경우 취득세가 주택수와 관계없이 12%지만, 공시지가가 1억원 이하인 경우에는 취득세 중과가 없다).

게다가 법인투자를 막기 위해 단기시세 차익에 대해서도 개인과 똑같이 보유기간 1년 이내 50%, 2년 이내 40% 추가과세 법안이 발의되었다가 취소되긴 했지만, 단기 투자의 장점이 사라질 가능성마저 있다.

법인으로 주택에 투자하는 경우

• 공시지가 1억원 이하에 투자하는 경우: 취득세 중과가 없는 대신 종부세 부

담은 크다. 단기투자가 목적인 경우가 많다.

- 무주택자인데 청약당첨의 기회를 놓치고 싶지 않은 경우: 개인명의로 무주택 조건을 유지하면서 법인명의를 활용해서 주택에 투자하는 경우다.
- 개인명의로 1가구 2주택 비과세 조건을 유지하면서 추가로 주택투자를 하고 싶은 경우

주택이 아닌 종목에서 법인의 활용

다주택자는 주택에 추가로 투자하고 싶어도 세금 면에서 불리하기 때문에 주택이 아닌 종목에 투자하는 경우가 많다. 꼬마빌딩, 지식산업센터, 토지, 생활숙박형시설(레지던스), 오피스텔 종목은 법인으로도 투자가 가능하다. 주택이 아니어서 종부세가 없고 취득세가 4.6%인 것은 법인이든 개인이든 동일하므로 대출에 유리한 명의, 기대되는 양도차익의 크기에 따라 명의를 결정하면 된다.

만약 기대되는 양도차익이 크다면 법인이 유리하다. 개인명의로는 일반과세를 적용받고 시세차익이 클수록 세율이 크게 올라가지만 법인의 경우 법인세만 내면 된다. 예를 들어 양도차익이 3억원이 넘는다면 개인의 경우 세율이 35%이고, 법인의 경우 이익금의 10~20% 세율을 적용받는다. 비주택 종목의 경우에는 추가과세가 없다.

단, 법인을 오랜 기간 운영할 계획이 아니라 언젠가 정리하고 법인자금을 개인명의로 다시 가져와야 한다면 또다시 세금이 발생하므로 유리할 것이 없다. 반면 법인을 오랜 기간 운영할 계획이고 기대되는 양도차익이 크다면 법인이 유리하다.

3

투자와
실거주 분리하기

실거주 겸 투자 vs 순수투자

많은 사람들에게 가장 익숙한 투자방식은 내가 살 집을 투자와 실거주를 겸해서 매수하고 사는 동안 자산상승을 꾀하는 방식일 것이다. 혹은 실거주 한 채만으로는 아쉬우니 일시적 1가구 2주택 비과세 제도를 활용해 상급지로 갈아타거나 실거주하면서 여유자금으로 추가로 투자하는 경우도 있다.

반면에 사는 집은 월세로 살거나 전세로 살면서(전세자금대출을 받고) 실거주와 투자를 아예 분리해서 투자하는 방법도 있다. 순수한 투자 목적으로 부동산 투자를 하는 것과 실거주 겸 목적으로 투자하는 것은 성격이 많이 다르다.

투자와 실거주를 분리하면 시야가 달라진다

결과적으로만 보자면 실거주와 투자를 분리하는 것이 더 투자결과가 좋을 가능성이 높다. 그 이유는 전국에서 투자금 대비 시세차익이 가장 많이 기대되는 투자처를 고려하는 것과, 내가 실거주 가능한 지역에 한해서만 투자처를 고르는 것은 차원이 다른 이야기이기 때문이다. 순수하게 투자 목적으로만 본다면 결론이 더 명확한데, 실거주를 하려면 여러 가지 고려해야 할 요소가 섞일 수밖에 없다. 실거주와 투자를 분리하는 것은 투자 시 훨씬 더 자산상승 목적에 충실하게 해주고, 자유롭게 해주며, 시야를 넓혀준다.

물론 이번 서울 상승장에서는 워낙 상급지의 상승폭이 컸기에 비과세를 받으며 상급지로 점진적 갈아타기를 한 경우에도 큰 폭으로 자산상승을 경험했을 것이다. 하지만 모든 사람이 강남에 실거주가 가능한 것은 아니다. 실거주하는 곳이 상승폭이 큰 지역이 아닐 수도 있다. 심지어 하락하는 지역에 살고 있을 수도 있다. 만약 일자리가 거제도라면? 김천에 살아야 한다면?

요점은 시야가 넓어야 유리하다는 것이다. 전국구를 투자처로 보고 검토했을 때 마침 내가 사는 지역이 좋은 투자처인 경우라면 실거주 겸 투자를 꾀하는 것도 좋다. 하지만 그렇지 않다면 꼭 실거주 지역에서만 투자처를 고를 이유가 없다.

일시적인 불편함은 감수하자

단, 투자와 실거주를 분리하려면 감수해야 할 것이 있다. 나도 월세 사는 것이 달갑지는 않다. 내 집에서 떵떵거리며 살고 싶고 매달 내는 월세도 부담스럽다. 하지만 월세로 살면서 투자하는 것이 내 자산을 더 빠르게 늘려줄 것을 믿기에 감수하는 것이다. 매달 나가는 월세보다는 내 투자성과가 더 좋을 것이라고 믿기 때문이기도 하다.

이런 불편함을 아주 오랫동안 감수할 필요는 없다. 투자해서 어느 정도 자산이 늘어나면 일부는 자가를 사는 데 쓰면 된다(우리도 곧 실거주 집으로 이사를 간다. 투자를 시작한 지 딱 만 3년째 되는 시점이다). 처음에는 자산의 크기가 작으니까 자산이 늘어날 때까지만 불편함을 감수하는 것이다.

사람마다 성향과 상황이 다르고 도저히 실거주와 투자를 분리하기 힘든 경우도 있을 것이다. 만약 그렇다고 하더라도 시야를 전국으로 넓히고 전체적인 흐름을 살펴보면서 결정하기를 바란다.

2년마다
자산 2배씩 늘리기

기하급수적으로 자산을 늘리는 전략

나는 "나 같은 흙수저는 부자가 될 수 없어!"라며 애초부터 포기하고 살았던 사람이다. 그랬던 내가 부동산 투자에 진심이 된 것은 첫째로 는 부동산 투자가 공부의 영역이라는 것을 알고부터였고, 둘째로는 기하급수적으로 자산을 늘리는 전략을 알게 되면서부터였다.

1 | 부동산은 운과 감의 영역이 아니라 분석과 공부의 영역이다

나는 부동산에 대해서 감이 전혀 없고, 운은 내 맘대로 되는 것이 아 니지만, 공부의 영역이고 노력해서 되는 거라면 나도 해 볼 수 있 겠다!

2 | 부동산의 사이클은 지역마다 다르다

수도권이 침체기일 때 부산이 상승하기도 하고, 대구가 상승하기도 한다. 수도권이 상승할 때 부산, 창원, 울산, 청주가 하락하기도 하는 등 지역마다 각각 사이클이 다르다. 일시에 상승하고 일시에 하락한 다면, 상승할 때만 자산을 늘릴 수 있고 하락할 때는 속절없이 다시 오르기를 기다리며 자산 하락을 감내해야 한다. 하지만 지역마다 사이클이 다르다면, 혹은 다른 종목이나 해외까지 보는 시야가 있다면 자산을 지속적으로 늘릴 수 있다.

3 | 투자금의 크기가 커질수록 기대수익이 커지므로 자산이 기하급수적으로 늘어난다

2,000만원을 투자해서 2,000만원 수익을 얻으면 종잣돈이 4,000만원이 된다.

4,000만원을 투자해서 4,000만원 수익을 얻으면 종잣돈이 8,000만원이 된다.

8,000만원을 투자해서 8,000만원 수익을 얻으면 종잣돈이 1.6억원이 된다.

1.6억원을 투자해서 1.6억원 수익을 얻으면 종잣돈이 3.2억원이 된다.

......

이렇게 계속 재투자해서 돈을 굴리면 자산을 눈덩이처럼 불릴 수 있다.

4 | 월세를 살면 내 투자금의 크기를 최대한으로 만들 수 있다

만약 투자금이 3,000만원이 아니라 3억원이라면? 5억원이라면?

5 | 대출 레버리지를 활용하면, 그중에서도 전세 레버리지를 활용하면 내 자산에 비해 더 좋은 자산을 매수할 수 있다

좋은 자산이 더 많이 오르고, 많은 사람들이 원하며, 수요가 많기에 팔기도 수월하다.

정리하면 이렇다.
- 부동산을 공부해서
- 내가 만들 수 있는 최대한의 투자금으로
- 각 지역이 상승 사이클일 때 진입해서
- 지속적으로 자산을 늘릴 수 있다면
  자산이 기하급수적으로 늘어나지 않을까?

이러한 생각을 하고 나니 '나도 부자가 될 수 있겠다!' 하는 생각이 들면서 부동산 공부에 열의가 생겼다.

확신이 선 뒤에는 집을 팔고 월세로 이사해 투자금을 확보했다. 이후 지방 아파트 몇 채에 투자했고, 기대했던 시세차익이 나면 매도하고 다시 투자했다. 오르고 나면 원래 투자금과 시세차익분을 합해서 철저히 재투자를 실행했다.

상승 초기에 매수해서 중기에 팔고, 다른 지역 상승 초기에 재투자하기

내가 첫 시세차익을 얻은 아파트는 팔고 난 뒤에도 2억원이 올랐다 (나는 1.5억원 가까이 오른 시점에 매도했다). 일찍 팔아서 후회하느냐고? 팔고 나서 현금으로 보유했다면 후회했을 것이다. 하지만 매도하자 마자 원래 투자금과 시세차익분을 합해 재투자했고 더 좋은 성과를 얻었다.

예를 들어 2019년 하반기에 '천안 5억원짜리 아파트'를 보유하고 있는데, 만약 이 아파트를 팔고 그 자금으로 '부산 해운대 10억원짜 리 아파트'를 살 수 있다면?(지역별 상승·하락 사이클을 보고 천안 상승 시작 시점에 매수해서 상승 중기에 팔고, 부산 상승 시작 시점에 매수한다)

천안 아파트를 계속 보유하는 것과 팔고 부산 해운대 아파트를 사 는 것 중 어느 것이 더 좋은 선택일까? 천안의 5억원짜리 아파트도 7억원으로 오를 수는 있겠지만 부산 해운대 아파트는 10억원에서 15억원 이상으로 오를 가능성이 크다.

시세차익이 나면 더 좋은 자산으로 갈아타기

투자한 후 시세차익이 나면 팔고 더 큰 시세차익을 기대할 수 있는 부 동산으로 갈아탄다. 3억원짜리 아파트를 사서 4억원으로 오르면 팔 고 6억원짜리 아파트를 사는 식으로 말이다. '집값은 비율로 오른다', 즉 '상승장에서는 비싼 게 많이 오른다'는 원리를 활용한다.

예를 들면 평택 아파트를 4억 원에 샀는데 시세가 올라서 5.5억 원에 팔게 되었다. 팔지 않고 그대로 두었으면 지금은 7억 원이다. 괜히 일찍 팔아서 손해인 걸까? 어리석은 짓을 한 걸까? 답은 평택 아파트를 팔고 어떻게 했느냐에 달려 있다. 투자금과 시세차익분을 합해서 매매가가 훨씬 더 큰 부동산을 매수했고 평택 아파트가 이후에 오른 금액보다 더 크게 올랐다면 성공이다.

나는 투자처를 선정할 때 원하는 시점에 편하게 팔 수 있도록 환금성이 좋은가를 아주 중요하게 생각한다. 팔고 계속해서 더 좋은 것으로 갈아타기 하면서 자산을 늘릴 계획을 갖고 있기 때문이다. 그래서 기본적으로 좋은 입지의 인기 있는 아파트를 매수하려고 하고, 해당 단지에서도 선호하는 매물을 사려고 애쓴다. 그래야 나중에 분위기가 안 좋아졌을 때도 팔기가 수월하다.

같은 아파트 단지라 하더라도 RR에 투자하면 5,000만 원이 들어가고, 3층에 투자하면 2,000만 원이 들어가는 경우 RR에 투자하는 식이다. 시세차익은 비슷할 수 있다. 어차피 저층도 같이 오르기 때문이다. 대신 RR은 전세가 끼어 있더라도 가격만 저렴하게 내놓으면 매도가 상대적으로 쉬워서 팔고 재투자를 하기 용이한 측면이 있다.

6장

바쁜 이들을 위한
아웃소싱 투자법

전문가의 지식을
레버리지하라

강의를 들은 당신의 반응

부동산 투자 실력이 훌륭한 고수에게 강의를 듣는다고 가정해 보자. 강의를 듣고 투자처를 몇 군데 추천받는다. 아무리 좋은 강의를 듣더라도 강의를 듣는 사람의 부동산 실력과 상황, 실행력은 천차만별이다.

- 기초지식이 전혀 없는데 실행력만 좋은 사람: 아무 생각 없이 고수가 찍어주는 곳을 그냥 산다.
- 어느 정도 식견이 있고 투자처에 대해 많이 고민하다가 강의를 들은 사람: 이 경우에는 강의를 듣고 추천받은 투자처가 좋은 투자처인지 판단이 가능하고, 그 판단 아래 투자할 수 있다.
- 강의를 들었지만 이게 좋은지 아닌지도 잘 모르겠고, 투자를 하기에는 아직 겁이 나서 구경만 하는 사람

잘 모르지만 찍어주는 투자처를 그냥 사는 사람은 그 투자처가 정말 좋은 투자처였을 때만 좋은 결과를 얻게 될 것이다. 여기서는 실력이 좋은 고수에게 강의를 듣는다고 가정했지만, 만약 아니라면 이런 방식은 위험할 수 있다. 과감히 실행했기에 경험을 통해서 배우는 것은 분명 있겠지만, 아무것도 모르면서 무작정 뛰어드는 이런 방식을 나는 추천하지 않는다.

당신이 지금 일만 하기에도 바쁘고 부동산 투자를 공부하는 데 많은 에너지를 쓸 수 없는 상황이라면, 좋은 강의를 들었을 때 그 가치를 알아보고 투자할 수 있는 정도의 수준이 되는 것을 일차적인 목표로 하자. 그 정도까지는 어렵지 않아서 누구나 충분히 할 수 있다.

곧장 실행에 옮기기 어려울 수도 있다. 각자의 사정과 성향이 있고 실행하는 데 시간이 오래 걸리는 사람도 있다. 그렇다면 느리다고 포기하지 말고, 점차 자신이 실행할 수 있도록 상황을 만드는 중간과정을 충분히 거치는 것도 좋다. 겁나서 구경만 한 사람도, 품평만 실컷 한 사람도 시간이 지나면서 그때 그 투자처의 시세변화를 지켜보면서 배우는 것이 분명 있다.

사람이 참 이상한 게, 내 단점은 잘 안 보여도 남의 단점은 잘 보인다. 내가 직접 투자처를 선정하기는 어려워도 남이 선정한 투자처를 품평하는 것은 쉽다. 남이 정한 투자처를 품평하면서 시장을 지켜보는 것도 큰 도움이 되니 마음껏 해보자.

돈과 시간을 들여서 강의를 들어라

부동산 고수 중 "남에게서 배우지 말고 혼자서 배워라. 스스로 해라." 라고 조언하는 경우도 있지만 개인적으로는 부동산 강의를 듣는 것을 추천한다. 그것도 무료강의가 아니라 비용을 지불하는 강의를 추천한다. 강사가 시간과 공을 들여서 준비한 자료들을 나눠주고, 오랜 시간 투자하면서 얻은 인사이트를 나눠주며, 자신의 시각을 보여주는 것에 대한 비용을 지불하는 것은 당연한 일이다. 그 비용이 공짜라거나 너무 저렴하다면 오히려 다른 목적이 있지는 않은지 의심해 볼 일이다.

부동산 공부를 해보면 지역의 수요와 공급을 분석해서 "어느 지역에 앞으로 공급이 부족해지는구나." 정도는 파악할 수 있다. 미분양, 청약경쟁률도 조금만 공부하면 금세 파악할 수 있다. 하지만 앞으로 이 지역의 흐름이 좋아질 것이라고 예상하더라도 확신하기 힘들고 어느 아파트에 투자해야 할지 막막할 것이다. 그리고 그 지역 부동산 상황을 혼자서 다 파악하기도 쉽지 않다. 이렇게 어느 정도는 배웠지만 혼자서 하기에는 막막할 때는 부동산 강의가 많은 도움이 된다.

강의에서는 정보도 얻을 수 있지만 강사가 투자처를 선택하는 기준도 배울 수 있다. 실력 있는 강사에게 강의를 들을 때는 시장을 전망하는 통찰력과 더불어 투자처를 선택하는 노하우도 배울 수 있어서 좋다.

부동산 강의를 들을 때 주의할 것들

강사의 투자성향도 다양하니 무조건 따라서 투자하지 말고 자기 성향이나 상황과 맞는지 고려하자. 강사도 사람이니 성향에 따라 공격적인 경우도 있고 보수적인 경우도 있다. 흐름이 오기 전에 투자하는 것을 좋아할 수도 있고, 흐름이 온 것을 확인하고 투자하는 것을 선호할 수도 있다. 또는 소액투자처만을 고수하는 경우도 있고, 투자금이 많이 들더라도 좋은 것을 보유하는 것을 선호하는 경우도 있다. 수도권 위주로만 강의를 하는 분도 있고, 전국구를 다 보는 분도 있다.

　과연 이 강사가 믿을 만한 사람인가, 실력이 좋은가 하는 부분에 대해서도 불안함이 있을 것이다. 실제로 자기가 이미 산 아파트를 추천해서 수강생들이 사도록 유도하고, 수강생들이 달려가서 가격을 올려놓으면 본인은 팔고 나오려는 목적으로 강의하는 경우도 있다. 여기에 속아 넘어가서 매수하는 것을 '설거지당한다'고 표현하기도 한다(투자 세력이 손을 털고 나가는 것을 말한다. 대체로 저렴한 아파트거나, 초기재개발처럼 확정되지 않은 호재가 끼어있는 경우가 많다). 또, 수강생들에게 분양권을 매수하도록 유도하고 뒤에서 수수료를 받는 경우도 있다.

　이렇게 나쁜 의도는 전혀 없더라도 강사의 자질이 부족한 경우도 있다. 현재의 흐름은 잘 모르고 예전에 본인이 투자해서 잘되었던 방식을 강의해서 지금 상황에 크게 도움되지 않는 이야기를 하는 경우도 있고, 앞으로 유망한 지역이 아니라 본인이 아는 지역만 이야기하는 경우도 있다.

때로는 무료로 강의하면서 자기 자랑만 실컷 하다가 마지막에 본인의 유료 강의를 들으러 오라고 소개하기도 하고, 무료로 강의를 하긴 하는데 본인의 상품을 팔기 위한 목적으로 강의를 하기도 한다.

"반드시 경매물건을 낙찰받게 해드립니다."라고 현혹하기도 한다. 이상한 매물은 받는 대로 다 낙찰되므로, 낙찰받는 것은 맞지만 좋은 투자처가 아닐 수 있다.

좋은 강의를 들으려면 📖

1. 싸게 뭘 해보려는 생각을 버리자

무료강의는 피하자. 특히 초보자라면 더더욱 유념하자(정보의 질을 판단할 수 있는 실력이 있다면 괜찮다). 생각을 해보자. 이득도 없이 왜 무료로 강의를 하겠는가? 설령 듣더라도 참고만 할 일이다.

2. 강사가 평소에 하는 이야기를 살펴보다가 신뢰가 간다면 선택하자

강사가 쓰는 블로그 글, 운영하는 유튜브, 책을 보면서 그 내용들에 신뢰가 가고 마음이 갈 때 선택하는 방법이 무난하다.

3. 부동산 강의를 듣기 전에 어느 정도 지식은 갖추자

강사가 어느 지역의 특정 아파트를 투자처로 선정할 때는 그렇게 선정한 근거가 있다. 이때 그 근거가 합당한지 판단할 수 있는 정도의 지식은 갖추는 것이 좋다.

2

온라인 정보를
스마트하게 활용하라

온라인상에는 부동산 정보가 어마어마하게 많다. 없어서 못하는 것이 아니라 너무 많아서 못할 지경이다. 정말 좋은 정보가 별 볼 일 없는 정보들에 섞여서 같이 돌아다닌다. 이 정보가 진짜 정보인지 가짜 정보인지, 광고인지, 자기가 산 부동산을 띄우는 것인지도 알 수가 없다. 게다가 용어도 생소하고 낯설어서 무슨 말인지도 이해가 안 된다.

선(先)공부 후(後)정보

온라인 정보를 보기 전에 부동산 책을 최소한 다섯 권은 읽자. 정신없는 온라인 세상에서 살아남으려면 기본적인 것은 알아야 한다. 부동산 투자에 관한 용어, 투자종류별 특징, 부동산 투자의 원리나 상승 하락에 대한 기준들을 익히는 것은 모두 공부의 영역이다. 생각도 해 보면서 찬찬히 읽어야 하는 내용을 온라인에 흩뿌려져 있는 정보로 공부하기는 어렵다.

책으로 공부하는 법

공부는 책으로 먼저 하자. 그렇다고 학창시절에 입시 공부하듯 할 필요는 없다. 무슨 말인지 개략적으로 이해하면서 슬렁슬렁 읽자. 어차피 한 번에 모두 이해할 수도 없고, 여러 권 읽고 실전경험도 쌓다 보면 차차 알게 되니 너무 비장하게 읽을 필요는 없다.

경험담 위주의 가벼운 책은 정말 가볍게 읽으면 되고(투자를 친숙하게 느끼게 되고, 은연중에 투자마인드도 배우게 되니 이런 책도 도움이 된다), 공부할 내용이 많은 책은 조금 생각해 보면서 읽어야 하니 두 가지 다 읽자. 부동산 책 중 '아파트 시세차익 투자법'에 관한 책만 골라서 읽어야 함을 명심하자.

세금 책도 읽자. 세금도 세세하게 이해할 필요까지는 없지만(요즘은 전문가도 세세하게 이해하기 힘든 지경이다), 전체적인 윤곽은 파악하도록 한다. 특히 나에게 해당하는 부분을 중점적으로 보면 좋다. 아직 무주택자이면서 다주택자들의 세금 고민까지 미리 할 필요는 없다. 또한, 투자를 시작하는 초반에는 분양권이나 기존 아파트(기축) 위주로 검토하게 될 테니 미리 재건축·재개발까지 샅샅이 공부할 필요는 없다. 나의 상황에 해당하는 부분과 개략적인 개념만 파악하면 충분하다.

책을 읽다가 마음에 가는 저자가 있다면 그 저자가 운영하는 유튜브나 블로그를 꾸준히 보는 것도 좋다. 사람이 하는 일이기 때문에 나와 맞는 코드로 이야기하는 사람이 있게 마련이다.

나는 책 한 권으로 부동산 투자에 입문하게 되었고, 저자가 하는 강의와 유튜브를 들으면서 부동산을 이해하는 큰 줄기로 삼았다. 그러면서 다른 부동산 책들도 짬짬이 읽고, 부동산 블로그도 알게 되는 대로 이웃추가를 해놓고 밤마다 애들을 재우며 누워 스마트폰으로 읽었다.

온라인에서 보물정보 찾는 법 __ 📖

온라인에 널린 수많은 부동산 투자 정보 중에서 보물정보를 찾는 방법을 소개한다. 가장 쉽게 접근할 수 있는 방법 중 하나가 바로 부동산 카페를 활용하는 것이다. 관심 있는 지역에 따라서 활용하는 카페가 달라진다.

네이버 <부동산스터디>

회원수가 174만명으로 부동산 관련 카페 중 가장 크다. 수도권, 특히 서울 위주이고, 실거주자들이 집 장만하는 이야기가 주를 이룬다. 전업투자보다는 실거주마인드에 가깝고 가장 대중적이다.

회원수가 많은 만큼 글이 많이 올라오기 때문에 모든 글을 다 볼 수는 없고, 카페 인기글 위주로만 간단하게 훑어본다. 사람들이 매수에 적극적인지, 하락의 공포에 떠는지 등 민심을 확인하는 용도로 활용하기에 좋다. 부동산 관련 이슈가 있을 때 여러 의견이 올라오는데 그런 의견을 살피는 것만으로도 사고를 확장하는 데 도움이 된다.

수도권 지역의 상황을 파악하기에도 좋다. 일산이 그동안 오르지 않다가

2020년 하반기에 급등했는데 당시 일산에 대한 이야기가 정말 많이 올라왔다 (일산을 깎아내리는 이야기, 옹호하는 이야기, 신고가 소식 등등). 강남, 잠실, 위례, 판교, 분당 등지의 신고가 소식이 올라오기도 하고 급매가 소식이 올라오기도 하니 말 그대로 분위기 살피기용이다.

이 카페에는 좋은 글을 꾸준히 올려주는 네임드들이 있는데, 인기글에서 대체로 이분들의 글을 볼 수 있으니 읽어보다가 좋으면 구독 설정해 놓고 알람이 울리게 해두자. 이분들의 통찰력 있는 글을 보면 배울 점이 많다.
대표적으로 우석, 삼토시, 청운선생, 리처드슨, 닥터마빈, 분석전문가 등이 있다. 최근에는 시크릿브라더라는 닉네임을 가진 분이 부동산 초보자 입장에서 읽기 쉽게 글을 올리고 있다.

마음에 드는 카페멤버 글 알람 설정

참고로 나는 블로그와 카페에서 많은 글을 읽고 그분들이 사고하는 방식을 배우려 노력하긴 하지만, 어느 누구라 하더라도 절대적으로 옳다거나 무조건 믿고 따르면 된다고 생각하지는 않는다. 통찰력이 뛰어나고 실력이 좋은 사람은 있지만 100% 다 아는 사람은 세상에 없기 때문이다.

나 자신도 한의원에서 진료할 때 전문가라고 생각하며 진료하고, 스스로 자부심도 느끼지만 모두를 낫게 할 자신도 없고 애초에 그럴 수도 없다. 우리는 사람이지 신이 아니기에 계속 노력해서 실력을 올릴 뿐이다. 부동산도 마찬가지다.

설령 고가의 강의비나 컨설팅비를 지불한다 하더라도 그것은 그 강사가 나에게 의견(정보, 인사이트, 판단)을 보여주는 것에 대한 대가이지, 그 의견을 판단하고 행동으로 옮기는 것은 오로지 나의 몫이고 그 결과에 대한 책임도 나에게 있다. 대신 나 혼자 다 하는 것보다는 실력 있는 사람의 의견을 참고할 수 있다면 훨씬 덜 수고롭고 좋은 선택을 하기도 쉽다. 이런 차원에서 글을 읽고 강의를 듣기를 바란다.

네이버 <부동산스케치북>

<부동산스터디> 카페가 수도권에 사는 사람들의 실거주 집을 장만하는 이야기가 주를 이룬다면, <부동산스케치북> 카페는 지방에 투자로 접근하는 이야기가 주를 이룬다. 카페를(특히 제목) 쭉 훑어보면서 현재 투자자들이 주로 투자하는 곳이 어디인지 파악하기에 좋다. 많은 사람들이 투자한다고 모두 유망한 곳은 아니라는 것만 주의하면 된다. 카페에서 많이 올라오는 곳 중에서 옥석을 잘 가려내 투자해도 결과가 좋을 수 있으니 잘 활용하자.

<부동산스터디> 카페는 실수요자 위주라서 소식이 늦는 편이다. 이 카페에서 분당 분위기가 좋다는 글을 보고 매수하러 가보면 이미 불장이다. 매물이 없거나 가격이 올라 있다. 물론 그 분위기에서도 한동안 불장이 더 이어지긴 한다.

반면 <부동산스케치북> 카페는 투자자 위주 카페라서 소식이 빠른 편이다. 투

자자들은 보통 일찍 진입하고 투자의 선봉에 서있기 때문에 이들이 투자했다는 소식이 자주 들리는 지역을 유심히 살펴보는 것도 좋은 방법이다. 투자후기가 많이 올라오더라도 현장에 가보면 아직은 조용하기도 하고, 한두 달 뒤나 길게는 반년 뒤에 분위기가 달아오르기도 한다.

예를 들면 2019년 10월 유독 부산 투자기가 많이 올라왔다. 한 달 내내 투자기가 많더니 11월에 부산이 조정지역에서 해제되면서 부산 해운대구, 수영구 등 상위입지의 시세가 급등했다. 급격하게 오른 가격에 매도자들이 배액배상을 해주고 계약을 파기하는 일도 많이 일어났고, 부산의 아파트를 매수하고 싶어서 매도자에게 계좌를 받으려고 애쓰는 사람들도 많았다.

2020년 초반에는 김해연지공원푸르지오(현 김해 대장), 원주더샵(현 원주 대장) 투자기가 많았고 역시나 많이 올랐다. 물론 많이 거론되는 아파트가 다 오르는 것은 아니고 선별해야 하는데, 지역 내 대장아파트나 좋은 입지의 아파트인 경우 눈여겨볼 필요가 있다.

유독 투자기가 많은 아파트가 지역 내 상위입지이거나 그 지역이 상승장 초입이라면, 따로 조사해 보고 상승할 가능성이 많겠다는 판단이 설 때 매수를 검토한다. 나도 이런 방식으로 투자한 아파트가 있다.
현재는 비규제지역, 소도시, 공시지가 1억원 이하, 재개발·재건축 매수기가 주로 올라오는데, 이런 투자자들의 동향도 파악할 수 있다.

지역 부동산 카페, 맘카페

보통 지역마다 부동산 카페가 따로 있는 경우가 많다. 예를 들면 동탄의 경우 <동탄2신도시 분양(동천태양)> 카페가 유명하고, 전주는 <전주부동산의 모든 것> 카페의 규모가 크다. 지역 카페의 경우는 아무래도 자기 지역 이야기만 하는 사람들이 대다수라서 시야가 좁은 대신 특정 아파트에 대한 자세한 정보를 얻기에는 유리하다.

가령 가격이나 입지조건이 비슷해 보이는 두 아파트를 두고 A를 살까 B를 살까 고민이 될 때, 카페에서 검색해서 정보를 찾거나 질문을 하면 실거주자 입장에서 장단점을 자세하게 알려준다. 이는 맘카페 역시 마찬가지다. 아이 학교나 학원 보내기가 어떤지, 교통체증이나 실생활면에서 어떤지 파악하기에 좋다.

정리하면 다음과 같다.

- 선공부 후정보: 온라인 정보에 뛰어들기 전 기본지식 쌓기
- 매일 부동산 블로그 읽기: 분위기 파악용으로 마인드와 인사이트 배우고 정보 얻기
- <부동산스터디> 카페 인기글 훑어보기, <부동산스케치북> 카페 제목 보며 투자자 동향 살피기
- 관심 있는 곳은 따로 네이버지도, 부동산지인, 아실 등의 사이트와 지역 카페에서 상세하게 파악하기(이 방법은 뒤에 나올 '벤치마킹으로 성장하라'에서 설명하겠다)

나 대신 공부해주는
부동산 블로그 추천 📖

수현 blog.naver.com/shn2016

《부동산 투자 흐름이 정답이다》의 저자. 전국 부동산 분위기를 훑어주므로 부동산 상황과 흐름을 파악하는 데 도움이 되는 정보를 얻을 수 있다. 보수적인 경향이 있는 편. 투자할 때 조심해야 할 것들을 중간중간 짚어준다.

대치동 키즈 blog.naver.com/yhopskin

지난 서울 대세상승장의 막바지에 투자를 시작해서 오랫동안 투자. 《내 집 없는 부자는 없다》의 저자. 투자자 동향, 정책이나 부동산 이슈를 현실적으로 잘 다룬다.

렘군 m.blog.naver.com/biboi99

내가 부동산이란 세계에 입문한 계기가 된 책《적금밖에 모르던 39세 김 과장은 어떻게 1년 만에 부동산 천재가 됐을까?》의 저자. 유튜브와 푸릉 사이트 (www.prng.kr)를 운영하고 있고, 여기에서 강의를 신청할 수 있다. <푸릉_렘군> 유튜브 채널 동영상을 오래된 순으로 정렬해서 정주행하며 보기를 강력 추천한다. 기초적인 투자 지식이 영상으로 쉽게 설명되어 있다.

빠숑 m.blog.naver.com/ppassong

전반적인 부동산 시황을 다루며, 각 분야에서 인지도 있는 분들을 초청해서 팟

빵으로 강의한다.

얼티메이텀 m.blog.naver.com/ondal0404

정치, 경제, 부동산 관련 인사이트를 엿볼 수 있다.

오윤섭 m.blog.naver.com/rpartners01

서울 아파트 위주로 다루므로 서울과 수도권에 집을 장만하려는 사람들에게

도움이 된다.

삼토시 blog.naver.com/kedkorea

서울 아파트 위주로 데이터를 분석해 결론을 이끌어낸다.

옥동자 blog.naver.com/jikolp78

주로 지방 부동산 이야기를 많이 하며 전국 부동산 분위기를 파악하는 데 도움

이 된다. 초보자들이 읽기 쉽고, 여유 있고 편안한 투자마인드가 느껴진다.

영토확장 blog.naver.com/sinms77

세계 경제의 전반적인 상황이나 금리변동에 따른 부동산 전망 이야기, 부동산

상황과 규제의 영향에 대한 이야기를 다룬다. 특정 지역을 구체적으로 언급하

지는 않지만 큰 흐름을 파악하기에 좋다.

과거에서
현재의 답을 찾아라

최근 몇 년간 서울 등 수도권에 살고 있다면, 혹은 집값이 많이 오른 지역에 살고 있다면 부동산 공부를 하기에 아주 좋은 기회라고 할 수 있다. 어디가 먼저 오르는지, 다음에 오르는 아파트가 어디인지, 얼마나 오르는지 등을 직접 살면서 겪는 것이야말로 엄청난 경험이다.

신도시는 입주물량이 많은데 아파트값이 오를 수 있을까?

나도 경기도 신도시에 살면서 그 변화를 얼마나 체감했는지 모른다. 신도시가 완성되면서 시세가 오르는 모습, 그리고 핵심지가 유독 더 급등하는 모습을 보면서 배운 점이 많다.

처음에 입지 좋은 곳에 피가 1억원이 붙고, 입지가 떨어지는 곳은 피가 거의 없다시피 할 때는 그 가격이 고정된 가격처럼 느껴졌다. 그런데 그게 아니었다. 신도시에 아파트가 점점 들어서고 사람들이 입주하고 마트가 생기고 편의시설이 들어오는 등 도시가 완성되면서 살기 좋아지자 점점 더 시세가 올랐다(우리는 마트, 은행, 식당이 하나도 없을 때부터 입주해서 살았다).

부동산 규제가 나올 때마다 각종 뉴스 혹은 부동산 전문가들이 "이제 곧 집값이 하락할 것이다."라는 전망을 많이들 내놨지만, 몇 달 주춤하다가 언제 그랬느냐는 듯이 집값은 또 올랐다.

신도시 대장아파트 시세변화

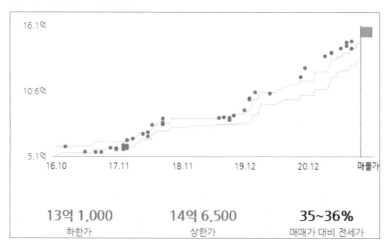

(출처: 네이버부동산)

현재 신도시 어느 대장아파트의 2021년 9월 호가는 16억원이다. 역시나 계단식으로 상승하는 모습을 보인다. 계속 상승하는 것이 아니라 시세가 주춤하다가 또 오르고 주춤하다가 또 오르는 모습이다.

분양가는 3.2억~3.7억 원이었다.

내가 살펴보니 중심지만 오르는 것이 아니었다. 처음에는 핵심입지의 시세가 많이 올랐고 역이나 중심 상권과 거리가 멀수록 시세변화가 덜했다.

입지가 안 좋아서 상승흐름이 오지 않던 신도시 외곽의 아파트들도 시간이 지나고 중심지가 많이 오르고 나니 어느 정도 키 맞추기를 했다. 흐름이 1군, 2군, 3군으로 점차 퍼져나가고 그렇게 오르는 데는 시차가 있다는 것을 직접 목격하게 되었다.

신도시는 입주 '효과'가 있더라

신도시는 새 아파트가 너무 많아서 집값이 폭락하는 것이 아니라, 오히려 새 아파트가 많이 입주하는 것 자체가 엄청난 상승파워를 만들어낸다는 것도 알게 되었다. 교통 호재가 있거나 역세권이면 당연히 더 좋고, 호수공원처럼 자연환경적인 요소가 겸해지면 더더욱 플러스 요인이 된다는 것도 깨달았다.

이런 경험이 다른 신도시나 택지지구의 미래 모습을 예측하는 데 큰 도움이 되었다. 그리고 입지에 따라서 순차적으로 흐름이 오는 것은 꼭 신도시에만 해당하는 것이 아니기에 다른 지역에서 흐름이 오는 순서를 이해하는 데도 큰 도움이 되었다.

창원 유니시티 사례

창원에 유니시티(2019년 6월, 12월 입주)라는 단지가 있다. 6,000세대의 대규모 단지인데 지방에서 이 정도면 상당한 규모다. "저렇게 많이 입주하는데 저기에 사람들이 다 들어가서 살아?", "너무 많아서 희소성이 떨어져서 집값이 내려갈 거야.", "입주를 한꺼번에 많이 하면 전세가가 낮아져서 매매가도 낮아질 거야." 등등 부정적인 이야기를 하는 사람들이 많았다. 신도시에 살면서 무수히 많이 들어본 이야기였다. 나는 경기도 신도시에서의 경험으로 이 아파트의 시세가 오를 거라는 것이 짐작되었다. 실제로도 창원 유니시티의 시세는 그런 이야기들을 비웃듯이 높이 날아올랐다.

창원 유니시티 1, 2, 3, 4단지(6,000세대 규모)

(출처: 네이버지도)

대규모 아파트라면 입주하자마자 무조건 시세상승을 한다는 이야기가 아니다. 아마도 창원의 전체 공급이 유니시티 외에도 계속해서 많았다면 유니시티도 고전을 면치 못했을 것이다.

그러나 창원의 수요 대비 공급(입주물량)을 체크해 보면 다음과 같다.

창원 전체 수요/입주 현황

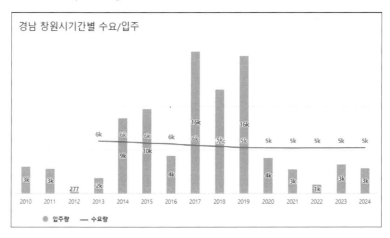

(출처: 부동산지인)

창원시 전체로 살펴보면 2017, 2018, 2019년에는 수요에 비해 입주 물량이 많았다가 2020년 이후 큰 폭으로 줄어드는 것을 알 수 있다.

이렇게 되면 어떤 현상이 벌어질까? 2019년에 유니시티가 대거 입주하면 우선 전세가는 확실하게 낮아진다. 하지만 더 이상 추가 공급이 없으므로 이런 경우는 입주시기가 다가오면서 점점 피가 오르다가, 입주한 이후에는 물량이 잠기고(모두 등기 치고 나면 매물이 나오기 힘드므로), 어쩌다 한 번씩 나오는 매물은 훌쩍 오른 가격에 나오면서 가격이 오른다.

입주물량이 지역 전체의 수요에 비해서 많더라도 지역 전체 평균은 하락하는데 신규 택지지구만 나 홀로 승승장구하는 경우도 있다. 사람들이 워낙 신규 택지를 좋아하는 데다 완성되어 갈수록 시세가 오르는 경향이 있기 때문이다. 예를 들면 전주 에코시티가 그러했고 천안 신불당이 그러했다. 나머지 지역은 하락하는데 홀로 올랐다.

이렇게 과거의 시세변화와 상황, 지금의 상황을 공부하고 알아가면 앞으로 이와 유사한 상황이 생겼을 때 예측하는 힘을 기를 수 있다.

지역 내에서 입지가 떨어지는 곳도 오를까?

과거 사례에서 힌트를 얻을 수 있는 또 다른 예를 들어보겠다.

"울산이 상승하면 울산 중 가장 입지가 빠지는 동구도 오를까?" 이에 대한 논쟁이 정말 많았다. "동구는 울산 현지에서는 섬 같은 곳이다. 취급도 안 한다. 울산은 올라도 동구는 안 오른다." 등등.

이 지역이 앞으로 어떻게 될지 궁금하면 다른 지역에서 입지가 떨어지는 곳의 선례를 찾아보면 된다. 지역마다 상승·하락 사이클이 다르므로 울산보다 앞서서 상승 사이클이 온 곳의 시세변화를 살펴보고 참고하면 된다. "서울의 노도강(노원구, 도봉구, 강북구)은? 대전의 동구는? 대구의 동구는? (보통 동구에 입지가 떨어지는 곳이 많다) 올랐을까, 오르지 않았을까?" 직접 찾아보면 된다. 네이버지도에서 검색해서 나오는 아파트들을 클릭해 보고 실거래가 변화 그래프를 찾아보면 되는 것이다. 결론적으로 이야기하면 서울의 노도강도 올랐고 대전, 대구의 동구도 올랐고 울산의 동구도 올랐다. 지금도 한창 오르고 있다.

좋은 입지의 구축을 살까? vs 중간 입지 정도의 신축을 살까?

어디가 더 많이 오를까 고민된다면 상승흐름이 먼저 온 다른 도시에서 내가 고민하는 것과 비슷한 수준의 아파트를 찾아서 참고하는 것이 큰 도움이 된다. 결론은 현재의 매매가 서열에서 크게 바뀌지 않으므로, 지금 매매가가 더 높은 곳을 선택하는 것이 낫다. 가격이 많은 것을 이야기해 준다. 단, 택지지구나 교통 호재가 있는 곳, 개발계획으로 천지개벽하는 곳은 서열이 바뀔 수 있다.

지금 살고 있는 지역의 아파트가 너무 많이 올라서, 그 기회를 잡지 못해서 속상하고 좌절되는가. 지금이라도 정신을 바짝 차리자. '진작에 살걸. 그때 살걸.' 이런 생각에 속상해하고 안타까워하는 것은 잠깐만 하고 넘기자. 그리고 내가 지금 할 수 있는 것부터 시작하자. 지금 사는 지역의 시세변화를 잘 관찰하고 간접적으로 경험하는 것은 앞으로의 부동산 투자에 엄청난 도움이 될 것이다.

인맥을 구축하라

투자를 시작하면서 알게 된 부자에 대한 새로운 관점이 있다. "부자가 되려면 부자의 말을 들어라."라는 것이다. 이 관점은 나에게 굉장히 신선하게 다가왔다. 그동안 내가 조언을 구하고 참고했던 사람들, 그들이 실제로 돈을 잘 벌었던가? 부자였던가? 돌아보니 그들도 나도 돈에 대해 무지한 것은 매한가지였다.

자주 접하는 사람들, 채널들 점검하기

나에게 "공부 잘하면 돈 잘 벌고 행복하게 잘산다."라고 충고해 주었던, 그리 믿으면서 자녀교육에 열심인, 우리 부부더러 "전문직이라서 돈 잘 벌겠다, 잘살아서 좋겠다."라고 속 모르는 소리 하던 주위 모든 사람들이 다 부자는 아니었다.

내 주위에는 부자가 없었고, 내가 부자에게 들었던 메시지는 "내 물건 사라(기업 광고)."라는 것밖에 없었다.

이전까지 재테크 책을 분명 읽었는데, 이 관점을 접목해서 보니 '그동안 쓸데없는 책만 골라 읽었구나.' 싶었다. 실제 본인도 부자가 아니면서 자기 홍보를 위해 쓴 책도 많았고, 나는 "책에 쓰여 있는 말은 다 맞는 말이겠지(책이니까!)." 하고 무턱대고 믿었는데 책에 쓰인 말도 저자의 의견일 뿐 모두 맞는 이야기는 아니었다.

내가 보는 책, 관심 있게 보는 영상(유튜브 채널), 주로 만나는 사람, 관심사를 터놓고 이야기하는 사람을 총체적으로 점검해 보자. "무조건 아끼자. 저축해서 돈 모으자. 대출은 갚자."라고 이야기하는 사람은 투자파보다는 저축파다. "금융위기가 온다."라며 거시경제를 이야기하면서 '경제위기설'과 '부동산 하락설'을 주장하는 사람들의 이야기는 그럴싸하지만 현실에서 부동산은 계속 오르고 있다. 당신은 어떤 책을, 어떤 이야기를 주로 보고 듣는가?

부동산 투자 인맥 만들기

부동산 투자를 시작하고 투자를 결정할 때는 당연히 고민이 많다. 관심도 온통 부동산에 쏠려 있다. 자연스럽게 사람들과 부동산을 주제로 이야기도 하고 싶고 투자 고민도 나누고 싶다. 그런데 이런 이야기를 할 때는 번지수를 잘 찾아서 해야 한다. 주변 지인 모두가 투자에 대해 열린 마음을 갖고 있진 않기 때문이다.

나는 부동산 강의를 같이 수강한 사람들과 모임을 갖고 있다. 부동산 강의도 종류가 많고 부동산 강사들의 성향도 다 다르다. 그 많은 강의 중 내가 선택한 강의를 듣는 사람이라면 나와 투자 관심사나 투자 성향이 비슷할 가능성이 높다. 그러다 보니 강의를 들으면서 단체 톡방이나 밴드방이 생기기도 하고 소규모 모임이 따로 만들어지기도 한다.

강의를 들으며 강사에게 질문해서 투자 조언을 얻을 수도 있지만, 수강생들과 투자 이야기를 하다 보면 또 다른 수확을 얻을 수 있다. 미처 보지 못한 투자처를 보게 되기도 하고, 여러 사람들과 같이 이야기를 하다 보면 생각이 더 정리되고 확장되는 효과가 있다. 일방적으로 강의를 듣는 것과는 또 다르다.

물론 여기에서도 자기 기준 없이 무조건 믿거나, 남들 따라 우르르 사는 행위는 경계해야 한다. 늘 강조하는 것이지만 '투자에 관한 기본적인 지식과 전체 흐름 읽기'를 바탕으로 투자처에 대해 판단하고 선택하자.

어떤 사람에게는 1,000만원 투자해서 시세가 3,000만원 오른 뒤 파는 투자가 좋은 투자처다. 그러나 다른 이에게는 똑같은 투자처가 악몽이 될 수도 있다. 1,000만원 투자해서 시세가 오르긴 했는데 우물쭈물하다가 매도할 시기를 놓친다면? 한참 시간이 지난 뒤(몇 년이 걸릴 수도 있다) 2,000만원을 내려야만 겨우 팔리는 상황이 될 수도 있다.

이런 기본 사항들을 잘 알고서 자기 기준을 갖춘 뒤 다른 투자자들을 마음껏 만나고 이야기 나누기를 추천한다.

인연에 감사하기

부동산을 공부하는 것도 중요하지만, 한편으로는 부동산도 인연이다 싶다. 그렇다고 정보를 얻기 위해서 누군가에게 착 달라붙으라거나, 사람들이 주는 소식 또는 정보에 집착하라는 이야기는 아니다.

이서윤, 홍주연 저《더 해빙》에서는 "돈을 갖고 있음에 감사하고, 내가 이 돈을 쓸 수 있음에 감사하라."라며 돈에 대한 자신의 필터를 정돈하는 이야기를 중요하게 다룬다. 이 책에서 또 강조하는 부분은 귀인을 만나는 것이다.

처음에는 귀인을 만나라는 이야기에 고개를 갸우뚱했는데, 투자를 하며 만나는 인연들에 점점 감사함을 느끼면서 '정말로 귀인을 만나야 하는구나.' 하고 생각하게 되었다.

물론 공부가 기본이니 이것부터 충분히 해야 하지만 인연을 소중히 대하는 자세도 필요하다. 공부하면서 만나는 부동산 강사들과 멘토들도 귀한 인연이고, 함께 공부하며 정보를 나누는 투자 동료들도 귀한 인연이다. 또한, 투자하는 과정에서 만나는 부동산 소장님, 매도자 그리고 세입자 모두가 내게는 귀인이구나 싶다. 매수하게 되는 부동산 매물 자체도 하나의 큰 인연인 것 같다.

최근 지식산업센터에 몇 차례 투자를 했다. 좋은 입지의 지식산업센터는 매물이 귀한데 이때도 좋은 소장님 덕을 톡톡히 봤다. 매물이 귀할 때 매물을 소개해 주는 소장님이나 나에게 좋은 매물을 매도하는 매도자 모두 정말 귀한 인연이다.

부동산 공부를 같이 하는 동료들과의 인연도 정말 감사하다. 전국에 투자처는 너무나 많고 공부할 것도 많다. 이들은 내가 미처 보지 못하는 부분을 보게 해주기도 하고, 좋은 방법을 떠올리지 못해서 막혀 있을 때 서로 이야기를 하다 보면 실마리가 풀리기도 한다.

주변 지인들과는 아무래도 마음 놓고 투자 이야기를 하기 어렵다. 서로 부동산 투자에 대한 생각이 달라서 조심스럽기 때문이다. 마음이 맞고 관심이 있는 이야기를 함께 나눌 수 있는 누군가가 있다는 것만으로도 큰 힘이 된다.

투자 이야기를 할 때는 서로 나누려는 마음이 선행되어야 할 것이다. 나는 나누지 않고 정보만 캐려 하고, 나는 노력하지 않고 남이 노력한 결과물만 취하고 싶어 한다면 투자의 세계에서 쓴맛을 보게 될 수도 있다.

내가 못 하면
돈이 일하게 하라

근로소득이 내가 일해서 돈을 버는 개념이라면, 자산소득은 돈을 일하게 해서 돈을 버는 개념이다. 직접 일해서 돈을 벌지 않으니 불로소득이라고들 쉽게 이야기하지만, 돈이 저절로 일하지는 않는다. 돈을 적절한 곳에 보내서 일하게 만들어야 한다. 나는 부동산 투자 회사의 사장이고 투자금은 직원이다. 내가 브레인, 즉 의사결정을 내리는 역할을 해야 한다.

부동산 투자에서 해야 할 일은 다음과 같다.

- 투자처를 결정한다.
- 매물을 구해서 계약한다.
- 세입자를 구하고 전세(혹은 월세) 계약을 한다.

– 잔금을 치르고 소유권이전등기를 한다(통상적으로 세입자 이사일 = 잔금일).

– 부동산을 관리한다(집에 문제가 있다면 수리/보유세 납부).

– 매도 시점을 결정하고 매도한다.

1) 투자처를 결정한다

여기에서 가장 중요한 사항은 투자처 결정이다. 그다음은 매도시점을 결정하는 것이고, 나머지는 정해진 절차에 따라서 진행하는 것이다. 그러니 중요한 부분에만 신경 쓰고 나머지에는 에너지를 아끼자.

투자처 결정은 앞서 이야기한 바와 같이 〈부동산 투자의 핵심이론 파악하기〉, 〈강의, 컨설팅 등 온라인 정보망 최대한 활용하기〉, 〈안전하고 확실한 투자처 결정하기〉의 방법으로 결정한다. 이때 필요한 강의비와 컨설팅 비용을 아깝다고 생각하지 말자.

투자할 후보지를 몇 군데 정하면, 매물을 조사하고 현장 분위기를 파악해서 최종적으로 투자할 곳을 선택해야 한다. 임장을 여러 번 가기는 힘드니 한 번에 끝낼 수 있도록 최대한 원격으로 조사한다. 미리 부동산에 전화해서 아파트 단지 설명도 듣고 매물도 파악한다. 한 군데만 전화하기는 아쉽고 너무 여러 곳에 전화하기는 힘드니 전화해보고 말이 잘 통하는 중개소를 2~3곳 정하면 충분하다. 전화를 해보면 매물 리스트는 물론이고 거래가 뜸한지, 매수세가 활발한지 등 현장 분위기도 파악할 수 있다. 부동산 카페나 단체 밴드방, 부동산 톡방에서도 지역 분위기를 크로스체크할 수 있다.

2) 매물을 구해서 계약한다

매물 상황을 파악한 뒤 약속을 잡고 직접 보러 간다. 간혹 확신이 든다면 가보지 않고 계약하기도 하는데, 그래도 한 번 정도는 직접 가서 보고 결정하는 편이다. 주변 분위기도 살펴보고 직접 가서 보고 나면 "이 단지를(혹은 이 매물을) 사면 되겠군." 하고 확신이 들 때가 있다.

최종적으로 사려는 매물을 결정했다면, 이제 매도자에게 계좌를 받을 차례다. 소장님이 양쪽에 전화를 걸어 매매가격과 잔금날짜 조건이 서로 맞는지 확인한다. 아파트를 결정하고 적절한 매물을 선택했다면 굳이 가격조정으로 실랑이를 하지는 않는다. 매도자가 내켜하는 선에서 가격조정을 살짝 부탁하고, 조정해 주면 감사하게 여기고 안 해 주면 그냥 산다.

이 과정에서 서로 가격을 조정하다가 계약으로 넘어가지 못하고 어그러지는 경우가 의외로 많다. 200만원 안 깎아준다고 기분이 상해서 안 사고 그냥 집에 돌아왔는데 바쁜 일상에 치여서 잠시 잊고 있다가 1~2주 지나서 다시 연락해 보면 가격이 올라 있는 경우도 있다. 매수를 결정하기까지 많은 수고를 했다. 굳이 최종단계에서 소소한 금액 때문에 에너지를 낭비할 필요가 있을까?

서로 조건을 합의하고 매수하기로 결정했다면 매도자에게서 계좌를 받는다. 가장 긴장되는 순간이다. 막상 계좌를 달라고 하면 마음이 바뀌어 "안 팔겠다." 혹은 "가격을 더 올리겠다."라고 하는 경우도 종종 있기 때문이다. 물론 분위기가 안 좋고 거래가 뜸할 때는 그렇지 않다.

계좌를 받고 통상적으로 가계약금을 입금하는데 입금하기 전 등기부등본을 꼭 확인한다. 계좌의 입금자 이름과 등기부등본상의 소유주가 같은지 확인하고 등기부등본상에 가압류 등 문제가 있지는 않은지도 확인한다.

매도자, 매수자 양측에 소장님이 문자를 보내는데 여기에는 물건지 주소, 매매가, 잔금날짜와 기타 합의한 사항들이 들어간다. 예를 들면 "상호간의 합의에 의해 잔금날짜를 당길 수 있다."라거나 전세입자를 구해야 하는 경우라면 "집을 보여주는 것에 협조한다." 등의 문구를 넣을 수 있다. 계약할 때 더 정확하게 특약을 넣지만 가계약금을 입금하기 전에 합의해 두는 편이 훨씬 매끄럽다.

소장님과 중개보수를 협의하고 싶다면 가계약금을 입금하기 전에 한다. 이미 입금하고 계약이 확실시된 상황에서 중개보수를 조정해 달라고 말하기는 애매하다. 나는 중개보수를 군이 조정해 달라고 요구하지 않는 편이지만, 중개보수가 매매가의 0.9%일 때는 워낙 비용이 크므로 조정을 부탁하기도 한다.

집을 살 때의 중개보수료는 법정수수료만큼 다 지급한다 하더라도 매수와 동시에 임차도 맞추는 경우(세입자를 구해서 전세계약도 하는 경우)에는 전체 맞추는 수수료는 소장님과 합의해서 절반만 낸다거나 안 내는 경우도 있다. 그런 부분들도 되도록 가계약금을 입금하기 전에 이야기한다.

이제 계약서를 쓸 차례다. 계약서는 서로 시간만 맞으면 주말이든 저녁 시간이든 언제든지 쓸 수 있으므로 웬만하면 직접 가는 편이다. 이때 참석하지 못할 경우 대리인에게 위임할 수 있다.

계약금, 중도금, 잔금 중 보통 중도금을 생략하는 경우가 많은데, 되도록 중도금도 계약서에 명시하고 넣는 것이 좋다. 요즘은 부동산 시장 분위기가 한 번 달아오르면 빠르게 급등하다 보니 계약파기를 당하는 경우도 종종 있기 때문이다.

계약서를 쓰고 나면 잔금 치를 일만 남는다. 기존에 세입자가 있는 집(전세 낀 집)을 매수한 경우는 세입자를 새로 구할 일 없이 잔금만 치르면 된다. 전세보증금과 매매가의 차액만큼이 내가 지불해야 할 금액이다. 예를 들어 매매가가 5억 원이고 전세가 3억 원이라면 총 2억 원을 치르고 기존의 전세계약을 그대로 승계하게 된다. 잔금일 이후 2년이 지나야 양도세가 일반과세 되므로 잔금을 빨리 치르는 것이 유리할 수 있다.

3) 세입자를 구하고 전세(혹은 월세) 계약을 한다

잔금일에 기존에 살던 사람이 이사를 나가고, 새로운 세입자를 구해야 하는 상황이라면 전세입자를 구해야 한다. 매매가가 5억 원이고 현재 전세시세가 4억 원 정도일 때 계약금은 통상 매매가의 10%인

5,000만원이므로 잔금날짜까지 전세입자를 구하고 전세입자의 이사
날짜가 맞으면 잔금날 나머지 5,000만원만 입금하면 된다.

하지만 세입자를 구하지 못한다면 잔금날 4.5억원을 입금해야 한
다. 전세 매매 갭 1억원을 예상하고 투자를 감행한 것인데 4.5억원의
잔금을 치르기는 힘들다(비규제지역이라면 잔금대출을 받아서 잔금을 치
를 수 있기는 하다). 그러니 세입자를 제때 못 구할까봐 마음을 졸이게
되므로, 이럴 때를 대비해 세입자 구할 걱정을 더는 방법을 알아두는
게 좋다.

세입자 쉽게 구하는 TIP

- (세입자 구하는 기간을 충분히 두기 위해) 되도록 잔금을 늦게 치르기
- 좋은 집을 사기(해당 아파트의 RR, 가급적 인기 있는 동과 호실, 애초에 실거
  주자들이 선호하는 아파트를 산다.)
- 적당한 가격에 전세 맞추기(전세를 최고가에 받으려고 버티는 경우도 있지
  만 그러려면 상당한 배짱이 필요하다. 전세를 구하는 사람이 나타나면 적당
  히 조율해 주고 맞춘다.)
- 집주인이 안정적인 직업을 갖고 있다거나 자산에 여유가 있다면 어필하기
  (세입자들이 보증금을 제때 돌려받지 못할까봐 두려워하기 때문에 의외로
  효과적이다.)
- 설날, 추석 등 명절 전에 잔금 치르는 것은 피하기(통상적으로 명절이 지난
  이후에 이사하려는 가정이 많다).

4) 잔금을 치르고 소유권이전등기를 한다

매수 계약을 하고 세입자도 구하면 이제 잔금만 남는다.

잔금 때는 직접 가지 않아도 된다. 잔금 때 필요한 서류는 미리 챙겨서 우편으로 보내고, 소유권이전 등기를 맡길 법무사를 구하고 수수료를 합의해 놓는다. 대개 부동산에서 소개하는 법무사에게 맡기는 편인데, 수수료를 들어보고 20만~40만원 정도 선이면 그냥 진행한다. 그보다 높은 금액이면 조정을 부탁하는데 대개는 들어준다.

요즘은 '법무통'이라는 앱으로도 수수료가 저렴한 곳을 구할 수 있기 때문에 수수료가 하향평준화되어 있다. 간혹 매매가가 높은 아파트인 경우 매매가가 높은 것을 핑계로 수수료를 비싸게 요구하는 경우도 있는데, 매매가가 높든 낮든 하는 일은 별반 다르지 않다. 수도권이 오히려 '법무통' 앱의 영향인지 더 저렴한 편이고 지방은 40만원 이상 하는 경우도 많다.

주의해야 할 것은 법무사 사무실에서 보내준 금액 청구서에 수수료 이외에 교통비, 취득세신고대행료 등 다른 항목을 넣어서 5만원, 10만원 정도를 슬쩍 끼워넣기도 한다는 것이다. 청구서를 보고 미심쩍은 항목이 있으면 이야기하고 빼달라고 하면 된다.

채권매입비용은 그날그날 금액이 약간씩 변동된다. 당일날 정확한 금액이 산정되는데, 미리 여유 있게 측정해서 받고 나중에 정산해 주는 법무사사무실도 있고 차액을 돌려주지 않는 곳도 있다. 나는 그 정도까지는 신경 쓰기 싫어서 그냥 넘어가는 편이다.

5) 부동산을 관리한다

보유하는 동안 집에 특별히 문제가 있지 않는 한 세입자에게서 전화가 올 일은 별로 없다. 관리하기 편하기 위해서라도 되도록 신축이나 준신축을 산다. 연식이 오래되면 아무래도 관리해야 할 일이 있게 마련이라 피하고 싶은 데다, 최근 트렌드가 신축이나 준신축을 선호하다 보니 아예 새 아파트 위주로만 매수했다. 수리해야 할 일이 있으면 수리하고 계좌번호와 금액을 보내 달라고 하고 입금해 주면 된다. 이런 것은 어차피 해야 하는 일이니 피하거나 미루지 않고 기계적으로 바로 한다.

매도와 관련한 부분은 뒤에 나올 '6. 제값 주고 사서 싸게 팔아라'에서 설명하겠다.

6

제값 주고 사서
싸게 팔아라

싸게 사는 것보다 많이 오를 것을 사는 게 중요하다

"무조건 싸게 사라. 소장님과 친해지고 밥을 사주며 급매를 노려라. 열심히 발품 팔아서 싼 물건을 찾아라." 이렇듯 시세보다 싸게 사는 이야기가 굉장한 영웅담처럼 들려오곤 한다.

하지만 싸게 사는 것이 정말 맞을까? 나는 싸게 사려는 노력은 하지 않는다. 확실하게 오르는 지역, 확실하게 오를 아파트를 찾는 데 집중하고 그 안에서 선택할 때는 적당히 시세에 맞는 매물을 산다(매물선택은 상대적으로 소소한 일이다. 소소한 일에는 힘을 아낀다).

5,000만원 오를 집을 1,000만원 싸게 살 텐가, 5억원 오를 집을 제값에 살 텐가? 무엇이 더 중요한지를 알고 중요한 것에만 힘을 쓰자.

모든 것을 다 잘하려고 하면 힘들어서 못 한다. 투자는 장기전이다.

게다가 부동산 분위기가 급등할 때는 시세보다 저렴한 매물은커녕, 최고가를 주고 부르는 값에 사야 하는 경우도 많다. 앞으로 오를 거라는 확신을 갖고, 최고가라 하더라도 계약하는 배짱이 필요할 때도 있다. 투자에서 꼭 어떤 전략을 구사해야 한다는 절대 원칙은 없다. 자기가 산 가격보다 파는 가격이 높기만 하면 된다.

물론 급한 상황이 생겨서 싸게 나오는 매물을 구할 수 있다면 좋겠지만 그런 일은 흔히 일어나는 일이 아니다. 가능성 낮은 일을 기대하며 확정적인 수익을 포기하지 말자.

매력적인 가격을 제시해야 팔린다

팔 때는 욕심을 살짝 낮춘다. 빨리 팔고 싶다면 가격이 적정해야 한다. 해당 단지에서 가장 비싼 가격을 부르면서 금방 팔리기를 기대한다면 어리석은 일이다.

상승장에 매도할 때는 비교적 매도가 쉽지만 매수세가 늘 있지는 않다. 매수세가 확 일어나면서 상승하고 한동안은 쉬어가는 기간을 거친다. 분위기가 좋아져서 상승할 때는 '조금만 더 기다리면 더 오르겠지?' 하는 마음에 팔기가 아깝다. 자연히 높은 호가를 부르고 기다리게 된다.

보합기에는 거래가 뜸해진다. 이때는 단지 내에서 가격이 가장 저렴한 물건, 급매, 좋은 매물인데 가격이 상대적으로 저렴한 매물들만 간간이 거래되고 나머지는 거래가 거의 안 된다. 이럴 때 팔려면 가격이 매수자가 혹할 정도로 저렴해야 한다.

매도를 결정한 시점에 분위기가 좋을 때 팔기로 결정했다면 눈 질 끈 감고 지금 팔릴 수 있는 가격에 맞춰서 매도한다. 더 오를 것 같아서 높은 호가를 고집하면 팔기가 어렵다.

매도를 결정한 시점에 분위기가 안 좋을 때는 확 저렴하게 내놓아야 한다. 나는 RR을 해당 단지에서 최저가에 판 경험도 몇 차례 된다. 나도 당연히 비싸게 팔고 싶지만 내가 원하는 시점에 팔려면 가격을 싸게 내놔야 한다.

매수할 때는 "나중에 떨어지면 사야지." 혹은 "얼마 전까지만 해도 더 저렴했는데." 하며 매수를 미루지 않는다. 그냥 제값 주고 지금 가격에 산다. 매도할 때도 '조금만 더 기다리면 오를 텐데.' 혹은 '내 집은 정말 좋은 집이라 최고 가격을 받아야 하는데.'라고 생각하며 높은 가격을 고집하지 않는다. 현재 시장가격과 분위기를 파악하고 어느 정도는 내 욕심을 살짝 낮춰서 판다.

돌아보면 매도할 때마다 늘 '싸게 파는 것 같다' 싶을 때만 매도가 성사되었다. 생각해 보면 당연하다. 매수하려는 사람 입장에서는 해당 단지에서 '지금 현재 매물 컨디션에 비해 가장 저렴한 매물'을 산다. 그러니 내가 그런 매물조건을 만들어 줄 수밖에 없다. 내 매물보다 더 좋은 조건의 집이 같은 가격에 나오면 당연히 그 집이 더 먼저 팔리고, 내 매물과 같은 조건의 집이 더 저렴한 가격에 나와 있다면 당연히 그 집이 먼저 팔린다.

흐름 공부에 주력하자

이러한 '제값 주고 사서 싸게 팔아라'의 핵심은 상승흐름을 타겠다는 것이다. 상승을 많이 할 아파트를 찾는 것에만 집중하는 전략이다. '혹시나 앞으로 하락하더라도 살 때 싸게 샀으면 그래도 덜 하락하니까 안전하게 싸게 사자.'라는 생각은 오히려 안전하지 않다.

시세차익을 위한 투자에서는 철저하게 시세차익을 노리는 것이 현명하다. 시세차익을 노리면서 동시에 안 올라도 안전할 아파트를 사는 것은 모순이다.

상승에 대한 확신을 가질 수 있도록 공부하는 것과 시세 대비 저렴한 매물을 찾는 노력 중 어느 것에 더 집중하겠는가? 나는 전자에 집중하는 편이 낫다고 본다.

상승에 대한 확신을 가질 수 있도록 공부하는 것이 장기적으로 보면 더욱더 중요하다. 처음부터 상승에 대한 확신이 강할 수는 없다. 처음부터 다 알 수는 없기 때문이다. 단지 그 방향으로 지속적으로 향하면 된다.

7

벤치마킹으로
성장하라

처음부터 온전히 나 혼자 분석하고 판단해서 투자처를 찾으려면 막막하고 힘들다. 남들이 투자하는 것을 보면서 어떤 투자처에 투자하는지, 결과는 어떠한지 벤치마킹하는 기간이 필요하다. 내가 고른 투자처는 평가하기 어려운데, 희한하게 남이 한 투자는 평가하기가 쉽다. 그런 점을 충분히 활용해 보자. 부동산 카페에 다른 투자자들이 올린 투자기를 보면서 품평을 해보자.

포항 북구 창포메트로시티2단지 투자기(2021년 8월 카페에서 발견)

- 매매가가 2억 7,800만원이고 전세가가 2억 6,000만원으로 매매와 전세 갭이 1,800만원이라 투자금이 적게 든다.
- 2018년도 입주니까 신축이다.

- 포항 북구는 아직 조정지역이 아니니까, 두 번째 주택까지는 취득세가 1.1%다.
- 아직 매매가가 2억 7,800만원이라 공시지가는 2억원 초반 정도일 테니 여기서 더 올라도 공시지가가 3억원은 안 넘을 것이다. 그러면 나중에 포항 북구까지 조정지역으로 규제되더라도 양도세 중과는 안 될 것이다(특별시나 광역시가 아닌 지방의 3억원 이하 주택은 중과가 안 된다).
- 이미 꽤 올랐는데도 투자한 것을 보니 더 오를 것으로 보는 것 같다.

포항 창포메트로시티2단지 25평 시세변화

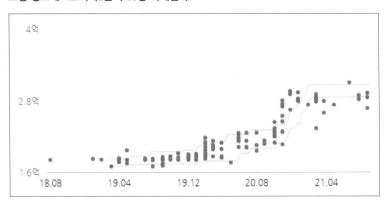

(출처: 네이버부동산)

위 그래프는 포항 창포메트로시티2단지 25평의 시세변화를 나타낸 것이다. 포항이 앞으로 더 오를 가능성이 있을까?

포항 매매시세 변화

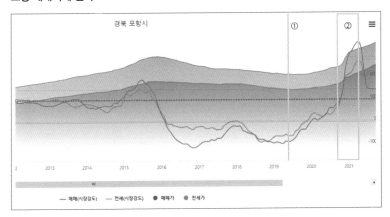

- 포항의 매매시장 강도는 2019년의 ①번 시기부터 오르기 시작해서 ②번 시기인 2020년 하반기에 폭발적으로 증가했다가 이후로 꺾였다. 매매가와 전세가는 2020년 들어서 오르기 시작하여 하반기에 급등했고, 최근 몇 달간도 꾸준히 오르고는 있지만 오름세는 줄어들었다. 2020년 12월에 포항 남구가 조정지역으로 지정된 이후로 급등했던 분위기가 몇 달간 식은 상황이다.

포항 수요/입주 현황

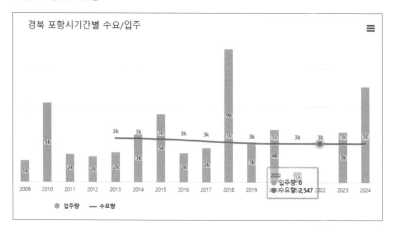

경북 포항시기간별 수요/입주

(출처: 부동산지인)

- 수요/입주 현황을 살펴보면 2021년과 2022년에는 없다가 2023년도 이후에 다시 많아진다. 2023년 이후는 추이를 지켜봐야 하겠지만, 앞으로 당장 입주물량이 없으면 우선 전세가가 오를 수밖에 없고, 매매가도 오를 가능성이 높다. 지금처럼 급등하다가 살짝 분위기가 식었을 때, 전세가가 올라서 전세와 매매 갭이 줄어들었을 때 타이밍을 노려서 매수하는 전략으로 보인다.

포항 미분양 추이

(출처: 부동산지인)

- 포항의 미분양은 현재 제로에 수렴하고 있다. 즉, 하락 가능성은 굉장히 낮고 상승 가능성이 매우 높은 상황이다.

- 소액투자처로 꽤 괜찮은 선택일 수 있다. 물론 몇억원씩 시세차익 나는 것을 기대할 곳은 아니지만 4,000만원에서 5,000만원까지는 상승을 기대해 볼 수 있지 않을까? 투자금이 2,000만원 정도(부대비용 포함)인 것을 생각하면 나름대로 괜찮다.

- 포항의 인구수가 50만명이니 소도시 중에서는 적지 않은 편이다. 인구수가 50만명인 도시의 비규제지역 신축이니 나쁘지 않다. '2년 뒤부터 입주가 많아지는데 이때 매도가 용이할까? 신축이니 그나마 괜찮을까? 나라면 이런 곳에 투자를 할까?' 이런 생각도 해보고, 가격변화도 모니터링해본다.

청주 사직푸르지오캐슬 1, 2, 3단지 투자기(2021년 8월)

청주 사직푸르지오캐슬 1, 2, 3단지 33평 시세변화

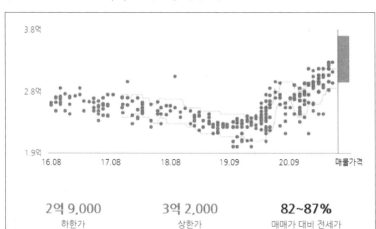

(출처: 네이버부동산)

- 현재 전세물건 없음. 직전 전세가가 2.9억원이니 3억원에도 전세가 가능할 듯한 상황이다. 가장 바닥이었을 때 가격은 2.5억원이고 현재 3.2억원으로 갭은 2,000만원이다. 이전보다 오르긴 했는데 더 오를까?

- 천안과 비교해볼까? 천안은 청주보다 인구수가 더 적은 대신 서울접근성이 좋아서 도시의 급이 비등비등한데(천안이 살짝 우위다.) 천안이 먼저 상승했다. 따라서 청주 아파트 시세도 천안을 따라갈 가능성이 높다.

청주 사직푸르지오캐슬 33평(초록색), 천안 한양수자인 33평(파란색) 10년간 시세변화

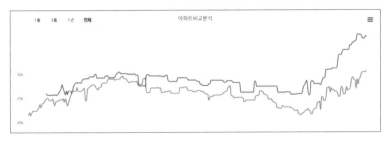

(출처: 알리알리)

청주, 천안 내 입지가 비슷한 아파트끼리, 가격이 상승하기 전 매매가 비슷한 아파트끼리 비교해본다.

- 사직푸르지오캐슬(2010년 입주)보다 한양수자인(2011년 입주)이 약간 가격우위에 있었으나 최근 급격히 차이가 벌어졌다. 비슷한 조건과 가격대지만 천안이 훨씬 더 많이 상승했음을 볼 수 있다.

- 한양수자인의 현재 가격이 3.7억원이니 사직푸르지오캐슬도 현재 한양수자인 정도 가격인 3.7억~4억원까지는 오를 것으로 기대해볼 수 있다. 한양수자인의 가격도 좀 더 상승할 여지가 있기 때문이다.

- 청주는 조정지역이라서 규제가 있는데 왜 여기에 투자했을까? 청주가 다른 지역보다 저평가라서 앞으로 유망할 것으로 본 것 같다.

이런 방식으로 다른 사람이 왜 투자했을지도 생각해보고, 혼자서 예측도 해보며 투자품평을 실컷 해본다. 이렇게 관심있게 체크해본 아파트단지는 추후에도 자연스럽게 시세변화를 모니터링하게 된다. 이런 것들이 하나하나 쌓이면서 실력도 쌓이는 것이다.

8

큰 흐름을 읽어라

온라인으로 수시로 흐름을 체크하자

요즘은 부동산 정보가 많이 노출되어 있다. 어느 정도 이론공부가 되어 있고 정보를 읽어낼 줄만 알면, 일일이 다 쫓아다니지 않아도 온라인으로 대략적인 분위기를 파악할 수 있다. 그동안 부동산 투자가 너무 어렵게 느껴져서 투자를 못 했다면, 그 이유는 이전까지 공부도 제대로 안 하고, 계속 관심을 가지지도 않았기 때문이다.

나는 평소에 자주 임장을 다니거나 부동산에 전화하거나 하지는 않는다. 하지만 앞서 언급한 방법으로 모니터링은 계속한다(2. 온라인 정보를 스마트하게 활용하라 참고).

이렇게 전체적으로 큰 흐름을 파악하다가 투자금이 생겨서 투자를 해야겠다 싶으면, 그때부터는 더 자세하게 파악하고 매수를 위해서 움직인다. 부동산 투자 외에도 내가 해야 할 일들이 있고 챙겨야 할 사람들이 있는데, 늘 부동산만 조사하러 다닐 수는 없는 일이다.

돈은 물처럼 흘러 들어간다

나는 돈이 물이라고 생각하는데, 물의 흐름을 읽는다고 생각하니 이해하기가 수월한 면이 많다. 원래 자산시장에도 물은 계속해서 들어온다. 이것을 인플레이션이라고도 하고, 시간이 지나면서 가격이 자연스럽게 오르는 현상이라고도 할 수 있을 것이다. 원래 모든 물가는 시간이 지날수록 오른다.

단, 아파트값은 수요·공급 상황에 따라서 물 들어오는 양상이 달라진다. 늘 일정하게 물이 들어오지 않는다. 수요에 비해 공급이 많으면 물이 빠지기도 하고, 물이 들어오지 않고 그대로 있기도 하다가, 수요가 많아지면 그때부터는 일시에 물이 들어온다. 이때 명심할 것은 원칙적으로는 일정하게 물이 흘러 들어와야 하는데, 수급 상황 때문에 몇 년간 못 들어온 것이 한꺼번에 들어오는 거라는 사실이다.

처음에는 사람들의 관심이 몰려 인기가 많은 곳부터 물이 흘러가고 점차 다음 순서로 물이 흘러 들어간다. 사람들의 심리가 점점 과열되기 때문에 처음에는 물이 천천히 흘러 들어가다가 점차 빠르게 많이 흘러 들어간다. 처음에는 긴가민가하던 사람들도 상승장이 지속될수록 '집값이 미쳤다, 패닉바잉, 영끌매수'라는 단어가 나올 정도로 대거 동참하기 때문이다.

몇 년 동안 상승장이 지속된다 하더라도 중간 중간 쉬어가는 구간이 있게 마련이다. 계속해서 오르지는 않는다. 이럴 때도 무엇을 주의해서 봐야 하는지, 사람들이 불안해하는 이야기들이 진짜 리스크인지 아닌지 알고 있으면 흔들릴 이유가 없다.

여기까지 따라온 독자들은 알 것이다. "경기가 침체되었다. 금리가 인상될 것이다. 정부에서 규제를 발표했다. 대출을 규제하고 양도세도 중과한다. 분양가상한제를 시행하고 재건축을 규제한다." 이러한 이슈들은 시장의 상승·하락 추세를 바꾸지 못한다. 그러나 "미분양이 늘어난다. 앞으로 예정된 입주물량이 많다. 입지가 좋은 곳인데도 청약경쟁률이 저조하다." 이런 이슈는 경계해야 한다.

최근 몇 년간의 큰 흐름을 이야기해 보자. 2019년 상반기까지는 지역의 입주물량과 상승·하락 사이클이 상당히 일치하는 모습을 보였다. 2019년 하반기 이후부터는 살짝 다른 모습을 보이고 있다. 금리가 낮아지면서 유동성이 풍부해졌는데, 이는 곧 자산시장에 들어온 물의 양 자체가 많아진 것으로 볼 수 있다. 다시 말하면 가치는 그대로인데 가격표가 달라진 것으로, 즉 화폐가치가 떨어지면서 자산 표시 금액이 커져버렸다고 봐야 한다.

물의 양 자체가 많아졌으니 어떻게 되었겠는가? 공급이 충분한 도시에도 사람들이 좋아하는 곳에는 물이 흘러 들어가기 시작했다. 이때 미분양이 감소하는 모습을 동반했다. 이어서 2020년 코로나 사태

이후로 전 세계적으로 돈이 역대급으로 풀리면서 물의 총량이 더 크게 늘어났다. 또다시 자산시장에 흘러 들어가는 물의 양이 많아진 것이다.

단순하게 이해하면 이런 상황이다. 자산시장에 있는 물의 양이 많아지다 보니 모든 자산의 가격이 떠밀려 올라간다. 인기 있는 곳일수록 크게 오르고 먼저 오르고 나머지 지역으로 이런 흐름이 점점 퍼져 나간다.

규제의 틈새로 흘러가는 돈의 흐름

이렇게 되니 정부 규제도 점점 강력해졌다. 그런데 수도권이고 지방이고 할 것 없이 몇 년간 지속되어 왔던 택지개발 사업들이 앞으로는 현격하게 줄어든다. 돈은 많이 풀렸는데 집은 안 짓는다. 그러니 어찌되겠는가? 앞으로도 오를 것이 뻔하다.

오를 것을 뻔히 아는 투자자들은 정부 규제의 틈을 피해서 투자하느라 바쁘다. 다주택자들은 취득세도 이전보다 많이 내야 하고, 종부세도 늘었다. 양도세도 중과지역 내에서 주택을 팔면 중과된다. 시세차익의 상당 부분을 세금으로 내야 하다 보니 규제를 덜 받는 곳으로 물이 흘러 들어가고 있다.

대표적인 것이 공시지가 1억원 이하 아파트, 초기 재개발(공시지가 1억원 이하이고 향후 재개발될 가능성이 있는), 지방의 공시지가 3억원 이하 아파트(양도세 중과가 안 되는), 비규제지역이다. 주택이 아닌 영역에서는 지식산업센터, 꼬마빌딩, 상가, 토지, 오피스텔(특히 아파텔) 생활숙박형시설(레지던스)이 있고 최근에는 그림(아트테크)에까지 투자열풍이 불며 가격이 오르고 있다. 규제의 틈새로 물이 흘러가고 있다고 이해하면 되겠다.

돈의 흐름은 공부하면 보인다

이런 식으로 전체적인 상황을 파악해보자. 평소에 꾸준히 하면 된다(매일매일 세세하게 파고들기는 어렵다). 그러다가 투자금이 생기면 본격적으로 투자처를 찾는다. 평소에는 늘 시장을 모니터링하면서 전체 흐름을 파악하고 기회가 될 때마다 강의도 종종 듣는다.

시간을 조금 더 낼 수 있다면 짬짬이 모르던 지역 공부도 한 번씩 해보고, 강의를 들으면서 디테일을 보완하기도 하고, 지식산업센터나 아파텔처럼 투자 트렌드에 맞는 종목을 공부할 수도 있다. 앞으로 유망한 투자처인 재개발·재건축 종목을 더 공부할 수도 있다.

한꺼번에 다 공부하라는 이야기가 아니니 오해하지 말자.

> 1. 처음에는 아파트를 기준으로 공부한다. 기준점을 잡고 거기에 살을 붙여나가야 이해가 쉽다. 아파트값의 상승·하락 사이클이 왜 생기는지 이론을 공부하자.
> 2. 과거에 부동산 시장가격 변화가 왜 일어났는지를 이론에 근거에서 살펴본다. 직접 다 파악하지 못하더라도 책이나 블로그 글을 보면서 이해하는 수준으로만 파악해도 괜찮다. 우리 동네 집값의 변화도 되짚어보자.

3. 현재 부동산 시장 흐름이 어떠한지 파악하고, 시장을 계속 모니터링한다.

4. 강의를 들으면서 디테일함을 보완하고 강사의 인사이트를 배운다.

5. 투자금이 생겼을 때 더 세밀하게 조사해서 투자처를 선정한다.

투자금이 생겨서 투자하려고 할 때 평소에 준비를 어느 정도 해두었다면, 기본적으로 아는 것이 있기 때문에 관심이 가는 곳을 몇 곳 추려서 조사하고 판단이 서면 매수하면 된다.

아무것도 모르는 채 상황파악도 못 하고 있다가 투자금이 생겨서 그때부터 조사하려고 하면 너무 막막하다. 준비된 사람만이 기회를 잡을 수 있다고 하지 않던가. 평소에 자기가 꾸준히 할 수 있는 정도 수준으로 준비해 두면 된다.

9

길게 보고
크게 생각하라

서울은 2013년부터 시작해서 2021년인 지금까지도 오르고 있고 심지어 상승 후반부로 갈수록 상승폭이 더 커지고 있다. 이제야 집을 사려는 사람들이나 사회초년생들은 막막할 것이다. 부동산 우울증을 앓고 있는 사람도 많다고 한다. 얼마나 막막할지 충분히 이해한다. 나도 그랬으니까.

하지만 길게 본다면 어떨까? 분명히 서울에는 언제고 하락장이 올 것이고, 이후에는 다시 상승장이 올 것이다. 또, 시야를 넓혀서 본다면 서울 집값만 오르는 것이 아니다. 경기도 외곽, 인천, 부산, 대구, 광주 등 지방 각 도시마다 각기 다른 상승·하락 사이클을 갖고 있다.

좋은 투자를 할 수 있는 실력을 기른다면 언제고 기회를 잡을 수 있다. 그 기회는 자본주의 사회가 지속되는 한 앞으로도 계속해서 존재한다. 늦었다고 부동산 시장을 외면하고, 하락 중이라서 외면한다면 기회가 와도 어찌 알겠는가? 그저 묵묵히 공부하고 투자를 지속할 일이다. 지난 2006년 서울 상승장에 뒤늦게 합류했다가 하락장을 만나 많은 고생을 했지만, 이후로도 꾸준히 부동산 투자를 지속해서 이번 서울 상승장에서 크게 자산을 늘린 지인처럼 말이다.

2,000만원을 손해 본 첫 투자

나의 첫 투자는 2,000만원 손해를 보고 끝났다. 짧게 본다면 손해, 즉 투자 실패로 결론이 난다. 하지만 길게 본다면? 나는 그 경험으로 알게 된 것이 많다.

나의 첫 투자는 2019년 초 부산 해운대 아파트였다. 무려 투자금이 3.5억원이나 들어가는 부산의 대장아파트였고, 2019년 초 당시 부산은 한참 하락 중이었다. 서울이나 대구 등 지역과 비교해 보면 상대적으로 가격이 저평가되어 있었다. 그랬기에 시간만 지나면 오를 것으로 생각하고 매수를 진행했다.

하지만 첫 투자를 진행한 이후에야 기회비용이라는 것을 알게 되었다. 지방 아파트치고는 투자금이 꽤 큰 편이었고 이 금액이면 다른 지방 아파트 몇 채를 매수할 수 있었는데, 당시 워낙 초보여서 그런 것도 모른 채 투자를 감행했다. 게다가 당시 부산은 향후 입주물량이 많아 상승으로 전환하려면 시간이 좀 더 필요했다(당시에는 그래 보였다).

이 사실을 알게 된 이후 나는 첫 투자에 들어간 투자금을 회수해서 다른 곳에 투자하기로 마음먹고 과감하게 매도했다(매수하자마자 반 년 만에) 하지만 매도한 이후 그 아파트는 현재까지 무려 12억원이 올랐다.

이 경험으로 '좋은 것은 내가 생각했던 것보다 더 크게 오른다'는 사실을 뼈저리게 알게 된 셈이다. 좋은 것을 가지면 보유하는 동안에도 뿌듯하고 기분도 좋고 팔기도 쉽다. 첫 투자한 아파트를 매도하려고 내놓았을 때 대장아파트에 RR이었기 때문에 매도가 쉬웠다. 당시는 하락장이었고 거래가 매우 뜸했음에도 불구하고 말이다.

이런 일을 경험하고 나서는 되도록 내가 가진 자금에서 최대한 좋은 것을 사려고 하고, 나보다 부자인 사람들이 소유한 것을 사려고 노력한다. 가끔 내가 사려고 하는 매물을 볼 때 묘한 위축감과 열등감을 느낄 때도 있다. '내 주제에 이 정도 급을 사도 되나?' 하고 가슴을 두근거리며 산다. 그렇다고 해서 어마어마하게 비싼 것을 산 것도 아닌데, 조금씩은 내 형편에 비해 좋은 것을 사려고 하기에 늘 도전하는 느낌을 받는다. 부담은 있지만 매수하고 나면 기분도 좋고 결과도 좋다. 물론 매수 전 상승장인지 늘 체크한다.

나는 내 첫 투자를 실패로 기억하지 않는다. 2,000만원 손해를 보았지만 이 경험을 통해서 배운 점이 많았고, 이것이 다음 투자의 방향을 잡는 데도 큰 역할을 했다.

부자가 되려면 시간과 노력, 경험이 필요하다

처음 투자를 시작했을 때 나는 바짝 약이 오른 상태였다. 그저 투자를 잘 몰랐을 뿐인데, 좋은 집을 소유하고 있지 않았을 뿐인데, 그것만으로도 자산격차가 너무 크게 벌어졌다. 무언가 억울하고 속상했다. 나보다 일찍 부동산 투자에 눈 뜨고 적극적으로 투자한 사람들, 서울 상승장에 뛰어들어서 자산을 크게 일군 사람들이 그렇게 부러울 수가 없었다.

당시에 투자 한번 잘하는 것보다 투자처를 잘 선택하는 안목을 기르는 것이 더 중요하다는 조언을 들은 적이 있는데, 그때는 전혀 와닿지 않았다. 나에게는 당장 자산이 늘어나는 것이 더 중요하고 급했기 때문이다. 시간이 지나고 보니 이제야 그 말이 이해가 된다.

한 번의 투자로, 몇 번의 투자로 큰 부자가 되진 않는다. 자산이 어느 정도 늘어났다고 해서 끝이 아니다. 계속해서 관리하고 성장해 나가려는 것이 우리의 본성이다. 내 자산을 계속 관리해서 성장시키려면 시간과 공을 들여 내 실력을 키우는 것이 바탕이 되어야 한다.

얼마 전에 투자를 시작한 지 8년차인 지인이 투자금이 크게 들어가는 투자를 진행했다. 그간 해오던 투자보다 더 큰 투자금이 필요한 투자처였는데 결단을 내려 진행했고, 단기간에 분위기가 달아올라서 꽤 크게 상승했다. 역시나 비싼 것이 많이 오른다는 것을 재차 확인했다. 5억원짜리가 오를 때는 몇천만원 단위로 오르지만, 30억원짜리가 오를 때는 몇억 원 단위로 상승하는 모습을 볼 수 있었다.

이 지인은 한 번의 결정으로 큰 수익을 얻은 셈이다. 하지만 이 한 번의 결정을 할 수 있었던 것은 오랜 시간 투자하며 쌓아온 내공 덕분이었을 것이다. 한 번에 부자가 되지는 않지만 이렇게 잘한 투자가 결정적으로 내 자산을 크게 늘려준다. 그리고 이런 결정의 바탕에는 지속적인 노력과 경험이 있다.

결국 지속하기만 하면 우리는 다 부자가 될 수 있다. 부동산 시장에 계속 관심을 가지고, 시장에 계속 머무르면서 지속적으로 참여하고 경험하자. 그러면서 지속적으로 자산을 늘려나간다면 당연히 부자가 될 수 있다.

이것을 못 하게 하는 것이 바로 우리의 조급함이고, 한 번에 되려 하는 것 혹은 "나는 안 될 거야."라며 지레 포기하는 것이다.

투자를 지속하기 위해 해야 할 것들

• 일을 지속하라

일해서 얻는 근로소득은 내 생활의 근간이 되고 투자의 뿌리가 된다. 그래야 오래 투자할 수 있다. 이후에 자산규모가 커지고 나면 정말로 하고 싶은 일에 도전할 수 있을 만큼 자금에 여력이 생길 수도 있다. 하지만 그전까지는 일을 지속하자.

• 소소한 것까지 다 잘하려고 하지 마라

모든 것을 다 잘하려고 세세한 것까지 신경 쓰면 쉽게 지친다. 지치면 지속하기가 힘들다.

• 너무 힘든 것은 피하라

지속하지 못할 만큼 힘든 것은 하지 마라. 내가 되도록 신축, 준신축 아파트를 매수하려고 하는 이유는 시세차익뿐만 아니라 관리의 수월함 때문이기도 하다. 최대한 좋은 것을 매수하면 매도, 매수도 수월할 뿐더러 세입자와의 관계 측면에서도 금전적인 여유가 있는 사람들과 거래하기에 진행이 더 부드러운 경우가 많다.

• 리스크가 크다면 감수하지 마라

투자는 모험이 아니다. 누군가 내게 '지주택(지역조합주택)' 투자에 관해 물었다. 나는 단정적으로 하지 말라고 이야기했다. 잘되면 큰 수익을 볼 수 있다고 하더라도 리스크가 크다면 그 이익은 포기하는 게 좋다. 안정적으로 오래 투자하면 어차피 부자가 되니, 큰 리스크를 감수하면서까지 투자할 필요는 없다.

• 실력을 길러라

좋은 투자처를 고를 수 있는 안목, 즉 실력을 기르는 것이 지금 당장 얼마를 버느냐보다 훨씬 더 중요하다.